Helga Kernstock-Redl

Heilsame Kindergeschichten

Beruhigende, tröstende und stärkende Storys
selbst erfinden

Bibliografische Information Der Deutschen Bibliothek
Die Deutsche Bibliothek verzeichnet diese Publikation in der Deutschen Nationalbibliografie; detaillierte bibliografische Daten sind im Internet über http://dnb.ddb.de abrufbar.

Zeichnungen: Haimo Lauth

1. Auflage 2005 (1,00)

Umschlaggestaltung und Foto: Sabine Diemling, Mödling
Layout: Pia Moest
Satz: Paul Lanz, Wien

Druck: Holzhausen Druck & Medien GmbH
ISBN 3-209-**04759**-6

Inhalt

Vorwort der Autorin

Achtung, Sie halten ein Zauberbuch in Händen!

Machen Sie sich jedoch keine Sorgen, es wird Sie nicht in eine andere Welt entführen, in der Sie anstrengende Abenteuer bewältigen müssen. Es wird Ihnen keine Zaubersprüche verraten, mit denen Sie andere Menschen oder Dinge zwingend beeinflussen können. Sie riskieren keine wild gewordenen Besen, können allerdings auch keine Goldschätze herbeizaubern.

Dieses Zauberbuch kann etwas viel Besseres: Es wird etwas zwischen Ihnen und ein Kind hinein-zaubern, eine Form von heilsamer Verbindung, die Ihr Kind und auch Sie selbst stärkt. Die Geschichten, die Sie hier finden oder die Sie nach dem Lesen dieses Buches erzählen können, bezaubern für einen Moment. Die Erinnerung an Ihre Geschichten jedoch kann Ihr Kind immer wieder aufs Neue verzaubern: Seit Urzeiten haben Menschen mit Geschichten geheilt, getröstet und erklärt, ermutigt und neue Lösungsideen entwickelt. In Ihrem Kind kann mit jeder Geschichte ein Stückchen mehr Wissen über und Vertrauen in die eigenen Möglichkeiten, die Zukunft und die Welt entstehen – und damit über kurz oder lang auch die Sicherheit „Es wird wieder gut".

Dieses Zauberbuch wird Ihnen und Ihrem Kind eine Menge Arbeit machen. Doch es wird eine großartige Arbeit sein, so wie sie Kinder machen: mit spielerischer Leichtigkeit vollkommen konzentriert sein, ganze Kästen ausräumen, riesige Türme bauen und wundervolle Zeichnungen erschaffen. Es wird Sie mit Freude, Stolz und Energie erfüllen, dies mit Ihrem Kind zu erleben. Und von Zeit zu Zeit werden Sie bemerken, wie manche Geschichten auch dem Kind in Ihnen selbst (1) gut tun: einem Kind, das solche Geschichten vielleicht früher hätte hören sollen und jetzt mithören darf. Dadurch kann ein Teil in einem selber wieder heil werden.

Das Buch gibt Ihnen viele fertige Geschichten und zugleich Baupläne und Werkzeuge für neuartige in die Hand. Sie werden sehen, es ist kinderleicht damit Geschichten zu erzählen, die für Ihr Kind haargenau passen!

Ganz viel Freude wünscht Ihnen dabei

Helga Kernstock-Redl

Widmung

Meiner Großmutter Anna, der in ihrer Kindheit niemals eine Geschichte erzählt wurde.

Ich danke

Thomas Brezina als Experten für gute Geschichten für die einleitenden Worte,
allen Eltern mit ihren großartigen Kindern, denen ich die Anregungen für manche Storys verdanke,
meinen FreundInnen Agnes Salomon, Kirstin Bartha und Günter Wendel sowie Martina Brezovits für die kritische Durchsicht des Manuskripts,
meiner Herkunftsfamilie für ihren wohlwollenden Rückhalt,
meiner lieben Familie für die unglaubliche Energie, die das Zusammensein mit ihr bringt!

Vorwort von Thomas Brezina

Wer wurde im Mittelalter in jede Burg eingelassen? Wer hat das beste Essen bekommen und wurde wie ein König behandelt?

Der Geschichtenerzähler, der die besten Geschichten zu erzählen wusste. Geschichten, die die Menschen interessiert, fasziniert und berührt haben, die Neuigkeiten aus der Welt brachten und die oft Aspekte des eigenen Lebens angesprochen haben und hilfreiche Lösungsvorschläge anboten.

Wie können Eltern ihre Kinder besonders unterstützen, die Ereignisse, die auf sie einstürzen, zu bewältigen? Aus Erfahrung wissen viele Mütter und Väter, einfach gut zureden bringt wenig. Trost, Lösung, Unterstützung, Hilfe, Beispiele und Vorbilder in eine Geschichte verpackt, mit Figuren, mit denen sich das Kind identifizieren kann, finden aber immer ihren Weg in die Seele.

Geschichten zu erzählen, die Kinder unterstützen und stark machen, ist mein Ziel als Autor.

Sie als Eltern aber können noch mehr: Durch die Nähe zu Ihrem Kind, durch die tägliche Auseinandersetzung, erleben und spüren Sie, welche Geschichten Ihrem Kind in der jeweiligen Situation und Phase am besten tun.

In diesem Buch finden Sie viele Tipps und Tricks, um Ihre Fantasie in Form zu bringen und Ihr Kind zu begeistern.

Dabei wünsche ich Ihnen viel Freude und bin sicher, Sie werden viel Erfolg haben. Wer wird in jedes Kinderzimmer am liebsten eingelassen? Eltern, die Geschichten erzählen können, die Kindern helfen, ihr Leben leichter, fröhlicher und strahlender zu leben!

Alles Gute und beste Grüße

Thomas Brezina

1. Einleitung

Es war einmal vor vielen, vielen Tagen in einer Zeit, als das Wünschen noch geholfen hat, eine Mutter, die wollte ihren Kindern, die gerade mutlos waren, eine Mut-Geschichte erzählen. Leider gab es nirgends, in keinem Buch und auch nicht im Kopf der Mutter eine Geschichte, die noch nicht erzählt worden war. Doch kurz bevor die Mutlosigkeit allzu mächtig wurde, da plöööötzlich kam ein Kind mit einer Idee. Gemeinsam wurde aus dieser kleinen Idee eine richtig große Geschichte über Mut, Erdgeister und Angsthelfer, über ein starkes Team und ihr reiches Land. Die Geschichte verjagte die Mutlosigkeit und machte an diesem Abend alles wieder richtig gut. Der Mut blieb noch eine Weile und wurde so stark, dass das Kind sagte: „Wir haben so eine schöne Geschichte gemacht, ich finde, du solltest sie in ein Buch schreiben." Und so geschah es: Es wurde nicht nur ein Buch voller starker Geschichten, sondern auch voller Anregungen, wie diese gemacht werden können. So waren alle zufrieden und erlebten noch ein wunderbares Leben voller spannender Abenteuer.

Die Idee zum vorliegenden Buch entstand aus dem ganz alltäglichen und zugleich so besonderen Zusammensein mit Kindern. Irgendwann aus der Not heraus, nur Geschichten zur Hand und im Kopf zu haben, denen kein Menschenkind mehr zuhören möchte oder sich verärgert und erstaunt fragt: „Wo soll denn da der Sinn sein?" In jener Zeit wurde mir durch meine traumatherapeutische Fortbildung klar, wie wertvoll und notwendig es ist, schlimme Erlebnisse als vollständige Geschichten im Gedächtnis zu behalten und gute Erfahrungen in der Erinnerung nicht untergehen zu lassen.

Auf der Basis meiner systemischen, familientherapeutischen Ausbildung und der langjährigen psychologisch-therapeutischen Arbeit mit Kindern wuchsen eigene Ideen und erprobtes Wissen zu diesem Geschichten- und Arbeitsbuch zusammen. Wenn Sie dieses Buch gelesen haben, können Sie zu jeder Zeit an jedem Ort eine gute Geschichte so wie ein Zauberer aus dem Ärmel schütteln. Sie können die fertigen, farbig gedruckten Geschichten verwenden und sie geringfügig oder weitgehend umgestalten. Manchmal genügen schon winzige Änderungen, um diese an ein besonderes Kind in seiner speziellen Situation vollkommen anzupassen. Oder Sie können mit Hilfe der Aufbaupläne aus Ihrer eigenen Grundidee eine Geschichte selbst zusammenstellen und entwickeln. Für abenteuerlustige Geschichtenerzählerinnen und geübte Zuhörer werde ich Ihnen im Kapitel 5 das Konzept der interaktiven Geschichte vorstellen, bei der am Anfang überhaupt nur der allererste Satz vorgegeben wird und es völlig den Beteiligten und ihrer aktuellen Stimmung überlassen werden kann, wie sie sich weiter entwickelt. Diese Geschichten zaubern ein besonders gutes Gefühl und heilsames Band.

Dieses Buch ist für ein Kind namens Anna geschrieben. Anna kann 3 Jahre oder 13 Jahre alt sein, ein Bub oder ein Mädchen, in der Türkei geboren oder in Australien. Als ErzählerInnen eingeladen werden alle Erwachsenen, die in heilsamen Kontakt mit einem Kind treten wollen: für fünf Minuten oder ein Leben lang, in oder außerhalb eines Familienverbandes, aus biologischen oder anderen Motiven. Ich verwende daher in beliebiger Folge verschiedene Rollenbezeichnungen und weibliche bzw. männliche Sprachformen. Die charakteristischen Merkmale von guten ErzählerInnen, von Geschichten und von Kindern sind international. Jedes Kind ist zum Teil wie viele andere, zum Teil allerdings auch ganz besonders. Daher verdient es eine normale und zugleich einzigartige Geschichte.

Aufbau des Buches

Gestatten Sie mir in Kapitel 2 eine kurze Darstellung des unschätzbaren Wertes von Geschichten, bevor Sie im Abschnitt zur Geschichteninsel grundlegendes Werkzeug zum Geschichtenerzählen erhalten.

Der Teil 4 **Heilsame Geschichten über die Vergangenheit** stellt eine ganz besondere Form von Geschichte vor, durch die belastende oder schöne Erlebnisse in der Vergangenheit verarbeitet und nutzbar gemacht werden können. Es folgt eine kleine Auswahl an Beispielen, die für Kinder nach solchen Ereignissen gestaltet wurden.

Interaktive Geschichten aus der Gegenwart, Teil 5, gibt Anregungen, wie Sie und Anna gemeinsam Geschichten entstehen lassen können. Diese fördern nicht nur die Fähigkeit interessant und gut zu erzählen, sondern vor allem auch die Beziehung zwischen Ihnen beiden.

Im Abschnitt 6 **Geschichten zum Wachsen für die Zukunft** wird darauf hingewiesen, welche Botschaften über das Welt- und Selbstbild, über zukünftige Herausforderungen und Lösungsmöglichkeiten in Geschichten transportiert werden können. Die Einflüsse von alltäglichen Mikrogeschichten und deren zerstörende oder heilsame Wirkung werden gegenübergestellt.

Diese Trennung verdeutlicht selbstverständlich nur eine Schwerpunktsetzung: Jede Geschichte, die ein Stück der Vergangenheit erklärt, zeigt zugleich ein mögliches Muster für die Zukunft. Jede, die ein Bild einer zukünftigen Situation entwirft, liefert eine Alternative für das Verhalten in der Gegenwart. Und eine Erzählung, die aus der Gegenwart entsteht, lässt vielleicht auch die Vergangenheit in einem neuen Licht erscheinen oder gibt Hinweise für zukünftige Lösungen.

Am Ende des Buches finden Sie Detailinformationen zu einigen besonders wichtigen Bereichen: In Anhang 1 beschreibe ich Grundzüge der ersten Hilfe bei psychischen Kindernotfällen. Bevor Sie dann zu den Literaturangaben kommen, finden Sie in Anhang 2 eine Sammlung von krank machenden und heilsamen Selbstüberzeugungen, die zum Aufbau von heilsamen Geschichten notwendig sind.

Aufbau der Beispielgeschichten

Die Geschichten selbst sind farblich klar gekennzeichnet. Wenn vorgeschlagen wird, dass Sie dazwischen mit der Zuhörerin sprechen, ist dieser Text auch farbig, aber kursiv gedruckt (Ausnahme: Teile). Mögliche Antworten des Miterzählers stehen in Klammer. Dazwischen finden Sie immer wieder Anmerkungen zu Aufbau und Inhalt in der Standardfarbe.

Durch die Überschrift der Geschichte erfahren Sie deren **Zielrichtung** (z. B. Problemlösung oder Traumabearbeitung) sowie das **Hauptthema** bzw. einen wichtigen Inhalt. Die ungefähre **Altersgruppe**, für die sie passt, finden Sie in Klammer.

Diese Überschriftinformation soll selbstverständlich nicht vorgelesen werden. Wenn Sie einen Titel brauchen, um Aufmerksamkeit von Anna zu bekommen, dann nehmen Sie am besten einen Teil der Geschichte dafür und bauen entweder den Hauptdarsteller („Die Geschichte vom Bärenkind"), einen Teil des Höhepunkts („Der große Schreck") oder des guten Ausgangs („Wie ein Bärenkind etwas geschafft hat") ein. Häufig werden sich aufgrund der Vorlieben von Erzählerin und Zuhörer ganze Serien („Geschichten aus dem Bärenwald") entwickeln.

Es gibt für jedes Lebensalter die passende Geschichte

Die übliche Geschichten-Vorlese-Zeit beginnt irgendwann in den ersten Jahren und endet in der Pubertät. Beginn und Ende ergeben sich aus der feinen Abstimmung der Bedürfnisse von Anna und von Ihnen.

Ich möchte Sie allerdings ermutigen, einfachste Geschichten bereits einem Baby oder Kleinstkind zu erzählen und einen Jugendlichen zu komplexen Erzählungen einzuladen. Beides braucht allerdings eine altersgerechte Form, also die richtig einfache bzw. passend schwierige Sprache.

Erfolgsgeschichte: Der gelungene Turmbau nach einem Misserfolg
(Baby/Kleinstkind)

Gestern hast du einen Turm gebaut. Mit diesen Bausteinen. So groß war der Turm. Soooo große Mühe hast du dir gegeben. Dann hat es einen großen Krach gemacht. Ein lautes Geschepper-Gedepper. Alles war kaputt. Du warst traurig. Aber später dann! Da hast du wieder einen Turm gebaut. Der war noch höher, sooooo hoch. Du hast das geschafft. So eine große Arbeit. Du hast das geschafft!

Ein Teenager braucht anspruchsvolle Storys in altersgerechter Verpackung:

Also, wenn ich der Regisseur von deiner Lieblingsfernsehserie wäre, dann würde die Geschichte anders laufen. Ich würde so anfangen: Eines Tages, an einem ganz normalen Tag, so wie heute einer war, ging X …

Sie reden im Alltag mit Anna, erzählen ihr, was gestern war oder morgen sein wird, lesen ihr hin und wieder eine Geschichte vor? Dann haben Sie vermutlich schon ein recht gutes Gespür für die in genau dieses Alter passende Sprache, Formulierung und Länge von Erzählungen.

Daher wird es Ihnen sicher möglich sein, die Geschichten dieses Buches altersentsprechend zu vereinfachen oder komplex zu machen bzw. nach dem Aufbauplan eine passende zu gestalten. Wenn Sie zu Sprache und Entwicklungsmerkmalen des kindlichen Denkens noch mehr Information möchten, finden Sie im Literaturteil eine Buchempfehlung.

Nun die Geschichte, von der in der Einleitung die Rede ist, als Beispiel. Die Hintergrundinformation zu ihrem Aufbau können Sie in Kapitel 6 nachlesen.

Problemlösungsgeschichte (Teile): Anna leidet an Mutlosigkeit und Angst
(Schulalter)

Es war einmal vor langer, langer Zeit ein Land, da gab es keine Menschen. Dort wohnten auch keine Tiere. Es wohnten nur Gefühle dort. Doch vieles war ähnlich wie bei uns: Es gab große und kleine Gefühle. Es gab angenehme und unangenehme Zeitgenossen. Es gab welche, die waren sehr beliebt und andere, die wurden sogar weggesperrt, weil niemand sie haben wollte. Sie lebten und arbeiteten zusammen, sie säten und ernteten, sie liebten und sie stritten sich, sie handelten und wuchsen und entwickelten sich selbst und ihr Land.

So war es also in diesem Gefühleland. Meistens ging es trotz aller Unterschiedlichkeit ganz friedlich zu, doch eines Tages – vielleicht ganz plötzlich, vielleicht aber auch, weil manche Gefühle es einfach ungerecht fanden, so lange weggesperrt zu bleiben –, eines Tages gab es Krieg. Übrigens: Wie bei jedem Krieg sagten nachher alle, die anderen hätten angefangen und sie hätten sich nur verteidigt.

Tatsache war, dass die *Mutlosigkeit*, die lange eingesperrt war, einen Helfer fand, nämlich die *Angst*. Die beiden taten sich zusammen, und bevor es die anderen Gefühle noch so richtig bemerkten, war die *Mutlosigkeit* mit ihrem *Angsthelfer* an der Macht. Sie regierte nun das Gefühleland und beherrschte alles: Die *Freude* wusste zwar, dass sie gemeinsam mit der *Liebe* stark werden würde, doch die beiden bekamen keine Erlaubnis und keine Möglichkeit, sich zusammenzutun. Die *Traurigkeit* betrauerte den ganzen Tag die triste Lage und bemerkte dabei gar nicht, dass sie dadurch die *Mutlosigkeit* noch stärker machte. Der *Mut* war der erklärte Feind der *Mutlosigkeit* und wurde streng bewacht. Er landete gemeinsam mit der *Hoffnung* in dem Gefängnis, wo vorher die *Mutlosigkeit* eingesperrt war.

So sah es also aus im Gefühlsland. Es war nicht gut. Er war gar nicht gut, dieser Krieg.

Glücklicherweise lebte noch jemand anderer in diesem Land, nämlich der Landgeist selbst. Er war nicht besonders gebildet, eher so der erdige Typ, bodenständig und vernünftig. Er wusste nicht viel von Gefühlen und dem ganzen Zeugs, aber er wusste eines ganz sicher: Jedes Gefühl war ganz wichtig für das Land, jedes war unverzichtbar und wertvoll, jedes musste bleiben dürfen, damit in seinem Land ein gutes Gleichgewicht sein konnte.

Also sprach der Landgeist mit der *Mutlosigkeit* und erfuhr, dass diese sich jetzt zwar stark und mächtig fühlte. Aber die *Mutlosigkeit* war auch klug genug um zu sehen, dass der Krieg nicht gut war. Wie es so ihre Art war, wurde sie sofort noch mutloser und sagte dem Landgeist: „Wie soll es nur weitergehen? Es muss ewig Krieg bleiben, sonst werde ich wieder eingesperrt. Aber Krieg ist schlecht. Es kann niemals gut werden." Der Landgeist jedoch ließ sich nicht anstecken von der *Mutlosigkeit* und überredete sie, eine Versammlung von allen Gefühlen einzuberufen: von den kleinen und den großen, den angenehmen und den unangenehmen, den mächtigen und sogar von den eingesperrten. So saßen sie dann alle an einem Tisch, jedes nach seiner Art, und lärmten und stritten. Da stand der Landgeist auf und sorgte für Ruhe. Er stellte nur eine einzige Frage und erlaubte jedem Gefühl nur eine einzige Antwort. Der Landgeist fragte jedes Gefühl: „Was kannst du Wichtiges für das Gleichgewicht in unserem Land beitragen?"

Jedes Gefühl suchte eine Antwort, jedes nach seiner Art. Die *Freude* begann: „Ich kann Energie bringen, mit mir kann man viel schaffen!", die Liebe sagte: „Ich kann die Verbindung untereinander und mit dem Land halten", der *Mut* rief laut: „Ich kann machen, dass wir alles anpacken." Danach kamen auch die ruhigeren und leisen Gefühle zu Wort. Die *Angst* flüsterte: „Ich mache, dass wir dabei nicht zu Schaden kommen, ich bin die Mutter der Vorsicht." So kam jedes Gefühl an die Reihe. Das *Schamgefühl* war eines der schüchternsten, es meinte leise: „Ich helfe mit, dass wir uns an gemeinsame Regeln halten."

Ganz zum Schluss gab es nur noch die *Mutlosigkeit*, die keine Antwort gefunden hatte – so wie es ihre Art war. Für sie änderte der Landgeist die Regel und rief die anderen Gefühle zu Hilfe. Sofort sagte die *Hilfsbereitschaft*: „Aber du bist doch eines der wichtigsten Gefühle. Du kannst machen, dass ich und die Liebe eine richtig schwierige Aufgabe haben, denn es ist nicht immer leicht, dich gern zu haben und dir zu helfen. Du kannst gemeinsam mit der *Angst* diesen übermütigen *Mut* einbremsen, der uns alle sonst sicher einmal ins Verderben stürzen würde. Denn keiner von uns würde dem Land gut tun, wenn es nur ihn alleine geben würde. Außerdem bist du diejenige von uns, die an allen Dingen das Schlechte und Schwierige sieht – und das gehört zur Wahrheit so wie das Gute. Ich zum Beispiel mache gern die Augen zu vor dem Schlechten, vor dem, was schief gehen könnte. Du nicht! Ich denke sogar, du bist das Gefühl, das merkwürdigerweise am meisten aushalten kann!" Die *Hilfsbereitschaft*, die sich gerne ziemlich heilig vorkam, gab sogar zu: „Wo du bist, kann mein häufiger Begleiter, die *Enttäuschung*, niemals sein. Ich bin eben manchmal ziemlich blind, musst du wissen. Wir brauchen dich als Beraterin, wir brauchen dich nicht als Alleinherrscherin." Da erkannten die *Mutlosigkeit* und alle übrigen Gefühle, wie wertvoll sie selber und jedes andere waren. Die Gefühle verstanden, dass es wichtig war, gemeinsam dafür zu sorgen, dass niemand im Land übermächtig wurde. Sie erkannten, dass sie sich gegenseitig beraten, manchmal einbremsen und manchmal verstärken mussten, wenn sie gemeinsam gut im Gefühleland leben wollten.

Genau so geschah es! Das Land und mit all seinen Bewohnerinnen und Bewohnern führte noch viele Jahrmillionen lang ein gutes Leben und wuchs und entwickelte sich jeden Tag ein bisschen mehr und wurde jeden Tag innerlich ein bisschen reicher. Und wer weiß, vielleicht bist du einmal der Mensch, der entdecken wird, wo im Universum dieses Land zu finden ist.

2. Warum Menschen Geschichten brauchen und lieben

Was ist das eigentlich, eine Geschichte?

Etymologisch hat das Wort seinen Ursprung in „geschehen", das sich aus „eilen, rennen, schnell fortgehen; … sich ereignen" (2) herleiten lässt. In diesem Buch meine ich mit „Geschichte" einen Handlungszusammenhang mit Anfang und Ende, der aus dem Strom der Ereignisse herausgestellt wird und wo die einzelnen Elemente etwas füreinander und für den Zuhörer bedeuten (3). Eine „heilsame" Geschichte hat darüber hinaus noch ein besonderes Ziel: Sie soll etwas heil – ein Wort, das die Bedeutung „gesund" genauso wie „ganz" beinhaltet (4) – machen, das vorher noch unvollständig, krank machend oder ungenützt war.

Luxusgegenstand oder Lebensnotwendigkeit?

Menschen aus allen Epochen und Regionen haben ihre jeweils einzigartigen und doch einem nahezu universell gültigen Aufbau folgenden Geschichten. Doch warum? Ich bin überzeugt, Geschichten haben sich gleichzeitig mit dem menschlichen Bewusstsein entwickelt, sie sind psychologische Lebensgrundlage, -notwendigkeit und -ausdrucksform gleichzeitig.

Wir Menschen brauchen daher Geschichten so sehr, dass es ein Stück weit sogar gleichgültig wird, ob es gute oder schlechte Geschichten sind: Manchmal will man bei einem schlechten Buch doch nicht aufhören zu lesen, weil es irgendwie wichtig ist, das Ende zu kennen. Sind Sie schon einmal in eine miserable Fernsehserie hineingeraten und trotz allem dabei geblieben und auf die nächste Folge neugierig gewesen? Es verlangt eher einen bewussten und kraftvollen Impuls, um die Entscheidung zu treffen, „Ich höre mittendrin auf", als einfach einer Art von natürlichem Bedürfnis zu folgen und bis zum Ende der Geschichte dabeizubleiben, nur um zu wissen, wie sie ausgeht. Je müder etc. wir sind, umso eher kann die Energie für einen solchen Ausstieg fehlen.

Die Verpackung in Form einer Geschichte allein ist also bereits wertvoll und einladend. Der tatsächliche Inhalt erscheint vor allem für Menschen mit einem „Geschichtenmangelsyndrom" zweit- oder drittrangig. Dabei denke ich an Menschen, die selber keine schönen Geschichten zu erleben glauben; oder an solche, die meinen, im Spiel des Lebens keine Rolle zu haben. Vielleicht sind es auch jene, die nicht verstehen oder nicht daran denken wollen, worum es in ihrem Leben oder in der Welt um sie herum geht. Sie können dann keinen Sinn und Zusammenhang, also keine Geschichte darin erkennen. Für dieses Syndrom sind möglicherweise besonders jene anfällig, denen verboten wurde oder die sich verbieten, auch nur ein winziges Stück weit kindlich und kindisch zu bleiben – mit der Begeisterung für das alltägliche Wunder in uns und um uns herum. Auch sie sehen die tatsächlichen Geschichten des alltäglichen Lebens nicht und sind so ausgehungert, dass sie auch schlechte und schädliche Geschichten annehmen.

Grundsätzlich gehört die Suche nach Geschichten jedoch zu uns allen. Ich denke, Fernsehen und Bücher sind genau deshalb so beliebt bei Jung und Alt. Denn sie erzählen uns Geschichten von anderen Menschen, erfundene oder wahre, Märchen oder tatsächliche Lebens- oder Abenteuerromane. Auch Computer- und Internetspiele sind aus diesem Grund so gefragt: Sie ermöglichen in fremde Welten einzutauchen, wichtige Rollen zu übernehmen und in Kontakt mit anderen Mitspielern zu treten. All das vermittelt den Spielern, einen Auftrag, ein Ziel und einen zeitlich überschaubaren Weg zu haben – und damit ist man aktiver Teil einer Geschichte.

Besonderen Wert haben in diesem Zusammenhang jene Geschichten, die uns Religionen, Philosophien und Wissenschaftstheorien erzählen: Geschichten über Ursprung und Zukunft, über unseren Sinn, unser Ziel und über das Ende des Abenteuers Mensch-Sein.

Alle Menschen haben Geschichten notwendig, Geschichten über die Vergangenheit, aus der Gegenwart und für die Zukunft. In unserer komplexen Welt brauchen besonders junge Menschen unsere Geschichten und damit unsere Erklärungen – manchmal als Anhaltspunkt, manchmal aber auch als Gegenpol, um ihre eigenen Erfahrungen einordnen und Entscheidungen treffen zu können. Auch ein Gegenpol auf dem Kompass gibt Orientierung bei der Suche nach dem passenden Weg!

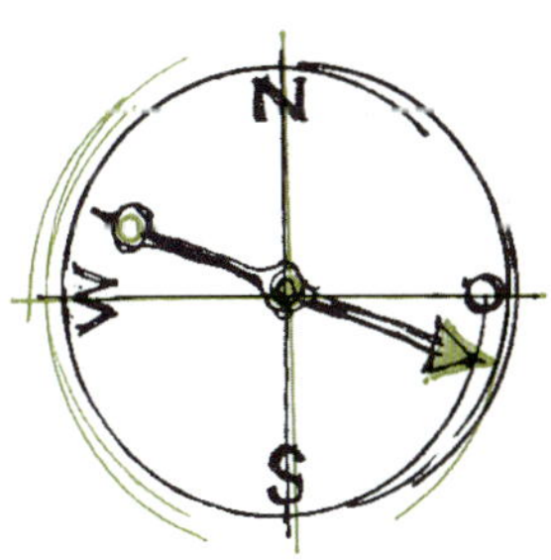

Wenn wir unseren Kindern keine Geschichten anbieten, dann werden sie sich woanders welche suchen – und mehr oder weniger gute finden. Denn jeder Mensch braucht Geschichten.

Dies ist ein weites Thema und jeder einzelne Punkt wäre es wert, ihm ein eigenes Buch zu widmen, um Überlegungen und Forschungsergebnisse darzustellen. In diesem Rahmen möchte ich einen kurzen Überblick geben, eine **Schlagwortliste zum Wert von Geschichten** – als Denkanstoß und Anregung, sich bei Interesse mit weiterführender Literatur auseinander- und zusammenzusetzen:

- Erzählte und somit gemeinsam erlebte Geschichten schaffen Kontakt zwischen Menschen. Jede Geschichte ist wie eine Insel, wo inmitten unruhigster Zeiten gute **Beziehung und Nähe** entstehen kann. Wenn Sie intensiv Zeit miteinander verbringen wollen, dann schaffen Sie und Anna sich gemeinsam eine solche Erzählinsel, auf die Sie beide sich zurückziehen und ganz bei sich und einer Geschichte bleiben können! Sie können lernen, wie ein Kind denkt und fühlt und Anna kann sich Ihrer inneren Welt annähern. Mit zunehmendem Alter von Anna werden Sie vielleicht der Zuhörer sein, dem Anna Geschichten aus ihrem Leben, von ihren Problemen und ihren Lösungen erzählt.
- Geschichten machen **Lernen und Verstehen** möglich: Wenn Sie für Anna Erlebnisse zu einer Geschichte ordnen, erkennt sie, was die Ursache und was die Auswirkung einer Handlung sein kann. Jede Erfahrung braucht diese Ordnung, sonst bleibt sie ein wirrer Haufen von Einzelinformationen und ermöglicht keinen Zuwachs an Handlungsmöglichkeiten. Die Einordnung in eine Geschichte erlaubt das Treffen von richtigen Entscheidungen auf Basis von gemachten Erfahrungen und die Entwicklung realistischer Erwartungen. Anna erkennt große und kleine Zusammenhänge und erlebt, dass es bereichernd und sinnvoll sein kann, nach der Ursache und nach dem Ziel hinter einer Handlung zu suchen und daraus zu lernen.
- Durch Geschichten werden **Unterschiede** gemacht. Eine Geschichte ist nur interessant, wenn sie Unwichtiges vermeidet. Sie trennt, bewertet und unterscheidet daher spielerisch und undogmatisch Bedeutungsvolles und Nebensächliches, Form und Inhalt, sinnvolles und sinnloses Verhalten, wichtige und nebensächliche Ziele. Das leitet über zu grundlegenden Fragen: Was ist wichtig an und in *meinem* Leben, worauf kommt es *mir* an, welche Möglichkeiten gibt es noch für mich und für andere Menschen, was ist in meiner Lebensgeschichte unsinnig oder nebensächlich?
- Erst die Bildung von Geschichten ermöglicht unserem Gehirn **die Bewältigung vergangener Ereignisse**. Etwas Geschehenes in die Form einer Geschichte zu gießen, gibt ihm einen Anfang und ein Ende! Es macht damit auch schlimmste Erfahrungen überschaubar und erträglich (Kapitel 4). Durch jedes Stück mehr an Wissen und Verständnis wird dann auch mehr Gefühl der persönlichen Sicherheit möglich: Man lernt, was man beeinflussen kann und was nicht.

- Geschichten vermitteln **Werte**: Es wird möglich, Anna in indirekter Form verschiedene Möglichkeiten der Lebensgestaltung zu zeigen und persönlich dazu Stellung zu beziehen, was für Sie richtig und falsch ist (Kapitel 6).
- Sogar unsere **Identität** kann als Sammlung von Geschichten über uns selbst gesehen werden. Wir bilden unser Selbstbild zu einem großen Teil aus Erinnerungen von unseren Handlungen und unseren Entscheidungen in der Vergangenheit, aus einer Sammlung von Reaktionen und Rückmeldungen der Umgebung und aus den Schlussfolgerungen, die wir aus diesen Erlebnissen ziehen. Wer wir sind, was wir können und wie wir geworden sind, dazu gibt es in unserem Kopf nichts anderes als Gedanken- und Bildgeschichten. Diese kleinen Erfahrungen des Alltags geben uns das sichere Gefühl, eine Identität zu haben. Gleichzeitig ist nichts auf ewig festgeschrieben: Eine neue Geschichte über uns oder unsere Vergangenheit kann unsere Selbstsicht völlig umschreiben, frühere Entscheidungen genauso wie bisherige Zukunftsvorstellungen in einem ganz neuen Licht erscheinen lassen.
- Geschichten vermitteln **Überzeugungen und Glaubenssätze**: über sich selbst, über die Welt, über andere Menschen, über das Schicksal oder einfach nur darüber, wie Männer, Frauen, Buben, Mädchen, Helden, Kranke … sind, sein sollen oder sein können. Dieser für heilsame Geschichten besonders wichtige Punkt der Selbstüberzeugungen und Erwartungen wird in jedem der folgenden Kapitel eine wesentliche Rolle spielen.
- Geschichten geben **Sinn und Ziel**: Religionsgründer und Propheten erzählen Geschichten über die Zukunft; Philosophen und Wissenschaftler erklären die Geschehnisse rund um uns und formen aus Einzelheiten ganze Weltgeschichten. Dasselbe Einzelereignis kann ohne dazugehörigen Rahmen verwirren oder unbedeutend sein, eingefügt in eine Geschichte aber als wesentlicher Teil eines Ganzen verstanden werden. Es ist zum Beispiel faszinierend, wie das Ereignis „Jesus" von den verschiedenen Weltreligionen in ihre jeweiligen Glaubensgeschichten eingebaut worden ist. Und hat nicht der eine Mensch, der die Geschichte hinter dem Fall eines Apfels gesucht hat, dadurch die Physik revolutioniert?
- Nicht zuletzt beweisen alle entsprechenden Studien (5): Je mehr Sie Anna in angenehmer Atmosphäre erzählen und vorlesen, umso mehr Lust aufs Selber-Lesen bekommt sie. **Leselust** steht in direktem Zusammenhang mit Lesefähigkeit und beeinflusst dadurch als Schlüsselqualifikation maßgeblich den Schulerfolg und den Berufsweg eines Kindes.

3. Wie Sie eine Geschichten-insel aufbauen

Im folgenden Kapitel werden Möglichkeiten vorgestellt, wie Sie für sich und Anna die notwendigen Rahmenbedingungen schaffen können, in denen eine Geschichte ihre heilsame Wirkung entfalten kann. Unter günstigen Umständen baut sich diese Geschichteninsel während des Erzählens ohne besondere Planung scheinbar ganz von selbst auf. Sollten Ihnen also Menschen gerne zuhören, dann erschaffen Sie bereits einen optimalen Geschichteninselzustand. Vielleicht finden Sie zusätzlich noch die eine oder andere Anregung.

Atmosphäre

Ziel ist es, einen inneren und äußeren Zustand zu ermöglichen, in dem Anna jene **Offenheit** haben darf, in der sie sich vertrauensvoll neuen Geschichten, deren Bildern, Gedanken und Botschaften annähern kann. Durch die heilsame Geschichte soll sich etwas Neues in Anna entwickeln oder etwas Altes, Belastendes umgestalten können. Eine solche sanfte und für Anna völlig selbstbestimmte Veränderung ist nur in einer Atmosphäre der Offenheit und Sicherheit möglich.

Es gibt für uns Menschen einen guten und besonders Energie bringenden Zustand mit voller **Aufmerksamkeit** bei körperlicher Entspannung. Diese Möglichkeit, ganz bei einer Sache zu sein ohne dabei zu ermüden, beherrschen wir alle seit unserer Geburt, jedoch meist ohne es bewusst zu wissen. Beobachten Sie ein Kind beim faszinierten

Zuhören, Zuschauen oder Spielen: es ist so vollkommen auf eine bestimmte Sache konzentriert, dass die Umgebung großteils ausgeblendet wird. Geräusche oder Bewegungen im Umfeld werden zwar registriert, sind aber in diesem Moment ohne Bedeutung, sogar Hunger, Berührung, Harndrang oder Schmerz werden kaum wahrgenommen. Gleichzeitig besteht umfassender Zugang zu allen Fähigkeiten und ein hohes Maß an körperlicher Entspannung. Bei Kindern bedeutet Entspannung natürlich keinesfalls, dass sie sich dabei nicht bewegen. Im Gegenteil: Manchmal brauchen Kinder unbedingt einen aktiven Körper, um in diesen angenehmen, konzentriert-entspannten Zustand zu kommen bzw. darin bleiben zu können.

Für die Entwicklung von **Vertrauen** und **Sicherheit** ist eine freundliche, liebevolle Grundstimmung beim Erzählen unumgänglich. Wenn Sie merken, dass in Ihnen oder in Anna zum Beispiel irgendein alter Ärger nicht vergehen will, dann lassen Sie's in diesem Moment sein. Mit der Zeit ziehen Gewitterwolken vorbei und die Sonne kann wieder scheinen – oder Sie überlegen sich gemeinsam eine Geschichte, wie jemand sehr wütend war, das aber nicht mehr länger sein wollte und wie er wieder in gute Stimmung gekommen ist (Kapitel 5).

Das Gefühl, richtige Antworten geben zu müssen, therapiert, analysiert oder getestet zu werden, würde auf das Sicherheitsgefühl wie eine Bombe wirken und schlagartig jede heilsame Geschichteninselstimmung zerstören. Trennen Sie also die Zeit, wo Sie in der Rolle eines Lehrers oder einer Trainerin sind, deutlich von der Phase, in der Sie ganz einfach liebevoll Mama oder Papa, Opa oder erwachsene Freundin sind und nur eine besondere Geschichte erzählen und eine gute Zeit mit Anna verbringen wollen.

Geschichten in einer Machtkampf-Atmosphäre, wenn also Anna Sie zu einer Geschichte zwingen will, (Sie werden hoffentlich nie auf die Idee kommen, Ihrerseits eine Geschichte Anna aufzwingen zu wollen!) sind ebenfalls alles andere als hilfreich. Sie sind der oder die Erwachsene, also steigen Sie zuerst aus dem Ring – und wenn es Ihnen innerlich (wieder) gut genug geht, erzählen Sie doch eine Geschichte von einem Boxer, der nicht mehr kämpfen wollte.

Grenze

Durch eine klare Grenze markieren Sie für sich selbst und für Anna einen **Unterschied** gegenüber der anderen, normalen Welt und deren Rollenverteilungen.

Dadurch werden ein wertfreier Wechsel und die eindeutige Trennung zwischen Realität und Phantasie möglich. Anna weiß, dass nun nicht mehr Bravsein, gutes Benehmen, Lernen oder richtig sprechen angesagt ist. Darauf braucht Anna jetzt eine Zeit lang nicht aufzupassen. Auf der Geschichteninsel kann man neue Wörter und innere Schätze entdecken, unsinnige Sachen ernst nehmen, Dummheiten machen und Böse-Sein spielen. In der Phantasie können Bäume sprechen und Haifische zu Fischfreunden werden – alles ist möglich und darf sein, nichts ist lächerlich, böse oder dumm.

Viel später, im normalen europäischen Alltag, sind dann wieder ganz andere Fähigkeiten gefordert als auf einer Zauberinsel!

Räumlich: Eine Geschichteninsel braucht wenn möglich einen abgegrenzten Raum: eine Ecke auf der Couch, im Bett, oder einen anderen geeigneten Platz. In fremden Räumen (Wartezimmer, Autobus …) können Sie durch Sessel oder allein durch eine bestimmte Sitzhaltung mit Ihrem Rücken oder Arm einen Bereich abgrenzen.

Allerdings ist diese räumliche Grenze sehr flexibel zu handhaben: Vielleicht mag Anna nämlich beim Zuhören auf ihrer Insel herumwandern, sich bewegen, körperlich ein Stück weggehen und wieder zurückkommen, während ihre Ohren ganz bei der Geschichte bleiben.

Zeitlich/Inhaltlich: Jeder Besuch auf der Geschichteninsel muss einen ganz klaren Anfang und ein deutlich markiertes Ende haben. Diese klare Kennzeichnung kann durch eine Bewegung geschehen (hinsetzen/aufstehen, Buch auf und wieder zu machen …), durch eine bestimmte Uhrzeit oder durch Sätze, die regelmäßig vor und nach der Geschichtenerzählzeit kommen („Möchtest du eine Geschichte hören? – So, jetzt ist diese Geschichtenzeit vorbei!“).

Dazu kommen noch die konkreten Einleitungs- und Abschlusszaubersätze der jeweiligen Geschichten selbst.

Landung

Manchmal will Anna zwar bei Ihnen und der Geschichte landen, verfügt jedoch (noch) nicht über die dazu notwendige Selbstregulierungsfähigkeit. Wenn sie zu aktiv oder zu übermüdet ist, helfen Sie daher ein wenig mit und **holen Sie Anna dort ab, wo sie gerade im normalen Alltagsmeer schwimmt!**

Dazu können Sie zum Beispiel in Sprachtempo und -lautstärke die Geschwindigkeit von Anna annehmen: Ist sie aufgeregt und überdreht, dann beginnen Sie ebenfalls rasch und laut. Wenn Sie dann später Ihr Sprechtempo verringern, wird Anna Ihnen ein Stück weit folgen und ruhiger werden können. Ähnliches gelingt im Bereich Bewegung oder Körperhaltung.

Das Einklinken kann genauso gut über das geschehen, was im Moment in Annas Kopf oder Bauch los ist. Dazu benennen Sie zuerst möglichst klar Annas aktuelles Thema: „Du bist jetzt furchtbar wütend.“ „Im Moment magst du ganz sicher nicht schlafen gehen.“ „Am liebsten würdest du jetzt einfach nie wieder aufhören mit dem Fernsehen.“

Dann können Sie eine wahrscheinlich bald eintretende Veränderung vorhersagen: „Doch wenn du genug wütend gewesen bist, wird es vielleicht sein, dass mit der Zeit ein bisschen mehr Ruhe in dich kommen kann.“ „Es kann sein, dass du früher oder später merken wirst, wie sich deine Augen mehr und mehr müde anfühlen und sie vielleicht ganz kurz zufallen möchten.“ „Und beim Fernsehen ist es so, dass so viele Bilder durch diese zwei kleinen Augen in deinen Kopf hinein wollen, dass die Augen vielleicht ein bisschen zu brennen beginnen. Ich weiß nicht, ob es beim linken oder rechten Auge beginnen wird. Es kann sein, dass dann der Kopf im Nacken sich ganz schwer anfühlt von den vielen Bildern. Wenn dann der Körper ganz von selber eine Bewegung macht, ist das vielleicht ein Zeichen, dass er eine Pause von den Bildern möchte. Jetzt fällt mir gerade eine Geschichte zu einer Fernsehserie ein! Ich mag sie dir im Bett erzählen, komm bitte." (6).

Zum Abholen gehört dazu, dass Sie als **Handlungsträger** jemand aussuchen, den Anna (und nicht der Erwachsene) interessant findet: auch wenn es kein knuddeliger Bär ist, sondern ein Zeichentrickmonster oder eine Darstellerin in einer Nachmittagsendlosserie. Anna soll angesprochen und interessiert werden, nur dieses Kriterium zählt! Finanzielle Erwägungen (Sammelkartensysteme!) oder pädagogische Wertmaßstäbe sollten dabei in den Hintergrund treten dürfen.

Verwenden Sie zum tatsächlichen Einstieg in die Geschichte **Einleitungszaubersätze**. Sie können Annas Lieblingssatz später auch bei fertigen Geschichten an den Beginn stellen und die dort vorhandene Einleitung dadurch ersetzen oder ergänzen.

Manchmal fällt die Landung leichter, wenn bei diesen Einstiegssätzen kurze Phasen der Verwirrung entstehen. Dies geschieht durch Informationen, die so kompliziert oder so gegensätzlich sind, dass Anna aufgibt darüber nachdenken zu wollen. Sie soll ja während der Geschichte andere Bereiche ihres klugen Köpfchens nutzen als sonst im Alltag! Einleitungszaubersätze erleichtern ihr das Loslassen des Gewohnten und das Ankommen in der kreativen Geschichtenwelt, das Einschwingen in neue Arten des Denkens und Fühlens. Es wird damit noch klarer, dass Sie beide sich nun für begrenzte Zeit von den Zwängen des Realen und Normalen verabschieden.

Um dies und die weiteren Elemente des Geschichteninselaufbaus zu verdeutlichen, werden diese anhand der nun folgenden Geschichte dargestellt. Am Beginn stehen drei mögliche Einleitungszaubersätze:

Problemlösungsgeschichte: Angstbewältigung und Ermutigung zum Kindergartenbesuch

(Kindergartenalter)

„Es war einmal und es war einmal nicht ein kleiner Bär ..."

Oder

„In einer Zeit, als das Wünschen noch geholfen hat, aber nur in einer Vollmondnacht im Frühling, vielleicht an einem Tag so wie heute, vielleicht auch nicht, also in genau so einer Zeit lebte einmal ein kleiner Bär ..."

Oder
„Vor 300 Jahren, gerechnet von deiner Geburt an nach rückwärts, also insgesamt von heute aus gesehen vor 305 Jahren, also ungefähr im Jahr 1699 nach unserer Zeitrechnung, da lebte ein kleiner Bär …"

Oder
„In 1374 Jahren, also im Jahr 3379, oder vielleicht auch in einem anderen Jahr davor oder danach, da wird vielleicht einmal etwas Interessantes passieren. Vielleicht lebt dann dort ein großer Bär, der sprechen kann und der eine Geschichte erzählt. Und die geht so: Es war einmal ein kleiner Bär …"

Aufenthalt
Auch während der Geschichte ist es notwendig, Anna immer wieder aufs Neue einzuladen auf der Insel zu bleiben. Es gibt dafür viele verschiedene Möglichkeiten:

Wiederholen Sie manche Sätze, Beschreibungen oder Rhythmen! Je jünger Anna ist, umso mehr liebt sie es wahrscheinlich, wenn Sätze oder Wörter immer wieder in der gleichen Formulierung oder Betonung vorkommen. Manchmal mag Anna diese Sätze ja dann vielleicht schon selber fertig sagen! Wenn Sie den Eindruck bekommen, dass es langweilig wird, können Sie jederzeit variieren oder die Wiederholungen weglassen.

… ein kleiner Bär mit großen, braunen Ohren. Dieser kleine Bär mit großen, braunen Ohren ging eines Tages so ein bisschen in der Gegend herum …

Wenn sich gewisse Zaubersprüche oder kleine Gedichte in Form oder im Rhythmus gleichen, gibt auch das dem ganzen Text Rahmen und Rhythmus (Erinnern Sie sich: „Der Wind, der Wind, das himmlische Kind …"). **Reime** wirken außerordentlich einladend: nicht nur der Endreim (H*aus*-M*aus*), sondern auch gleiche Anfangsbuchstaben oder Mittelteile (*k*leine, *k*uschelige *K*atze; dr*ei* l*ei*se M*ai*käferchen).

Die immer gleiche Betonung von Schlüsselworten (und plööööööötzliiiiiich geschah es – mit ansteigender Tonlage) oder eine Serie von Bewegungen (dreimal klatschen oder nicken …) ist ebenfalls eine Hilfe für Anna, ganz bei der Sache bleiben zu können.

… Ich weiß nicht, wie diese Gegend aussah: Vielleicht war es Wald und Wiese, vielleicht Berge und Felsen. Als also der kleine Bär mit großen braunen Ohren so herumging, da hörte er plööööötzliiich ein merkwürdiges Geräusch.

Lassen Sie Möglichkeiten offen und damit den Bildern und Gedanken von Anna ihren eigenen Spielraum! Laden Sie Anna immer zum Mitdenken, Mitgestalten und Mittun ein! In Annas Kopf sollen Bilder entstehen – vielleicht sind diese ja noch toller als alles, was Sie beschreiben könnten: „Irgendwo dort gibt es einen Ort, der ganz besonders ist …", „Ich weiß nicht, wie du dir so ein Schloss vorstellst, ob groß und prächtig oder klein und kuschelig", „früher oder später", „irgendwo, weit weg von hier, jenseits von Gut und Böse, in diesem weiten Land lebte einmal …" „Ich weiß nicht, wie es dort war, vielleicht …"

Anna soll mit großer Leichtigkeit und Konzentration dabei sein und mitdenken, mitschauen und mitfühlen dürfen (siehe auch Kapitel 5).

… ein wirklich sehr merkwürdiges Geräusch. Er war sich nicht sicher, ob es ein Glucksen oder ein Brausen oder ein Plätschern war. Vielleicht … (=Pause) gluck, gluck, gluck? Oder schschsch? (Aus der Beobachtung wird klar, dass Anna das erste Geräusch interessanter findet, daher:) Der kleine Bär hatte sehr große braune Ohren, deshalb hörte er auch wirklich gut. Und er war ein sehr neugieriger, mutiger kleiner Bär, deshalb schlich er sich vorsichtig näher an das Geräusch. Das wurde immer lauter. Ja, wirklich, es war: gluck, gluck, gluck …

Bauen Sie möglichst viele Sinnesempfindungen ein! Ganz besonders bei Schreck- und Traumageschichten (Kapitel 4) ist es unumgänglich, Bilder, Umwelteindrücke, Gedanken, Emotionen und Körperempfindungen anzusprechen, damit diese Geschichten ihre heilsame Wirkung entfalten können. Erzählen Sie daher von Geräuschen und Gerüchen, von Empfindungen in den Händen oder der Haut, von dem Kribbeln oder der Schwere, von all den Dingen, die ein Gefühl im Herz oder Bauch machen kann, von Bildern und Farben und auch von möglichen Gedanken.

Fragen Sie Anna ruhig manchmal danach:

… Wenn der kleine Bär ganz etwas Fremdes hört, was könnte er sich da denken? Glaubst du, ist er aufgeregt? Da wird sein Herz ganz schön schnell schlagen, oder? Was spürt er da im Bauch, was denkst du? …

Machen Sie die Geschichte spannend! Jede gute Geschichte braucht kleine oder große Spannungsbögen mit Höhepunkten und ruhigen Phasen dazwischen. In Filmen wird Spannung mit Musik erzeugt, verwenden Sie dazu Ihre Stimme und legen Sie in entscheidenden Momenten Sprechpausen ein. Ebenfalls sehr effektvoll ist es, am Höhepunkt der Gefahr oder in Abschnitten, welche die Gegenwart oder die aktuellen Gefühle und Gedanken betreffen bzw. betreffen sollen (siehe Kapitel 4), die Erzählzeit zu wechseln:

… Vorsichtig schiebt er einen Busch zur Seite und da sieht er … (Pause) einen wilden, reißenden Fluss, den er noch nie zuvor gesehen hatte. Erleichtert atmete der kleine Bär mit den großen braunen Ohren auf. Puh! Es war nur ein Fluss …

Beachten und nutzen Sie die Doppeldeutigkeit der Sprache und des Denkens (7): Bei „Flussbett" kommt die Assoziation zu „Bett", bei „Geist" – Gespenst schwingt auch „Geist" – Gehirn mit, ein „Damm" ist Symbol für jede Sperre oder Hürde, „Wasserhahn" für regulierbaren Durchfluss, „Gewicht" steht für Schwere, aber auch für Bedeutung usw. Je jünger Anna ist, umso mehr denkt sie noch anschaulich: „Dickwerden" lässt für sie auch „wachsen", „größer werden" auch „älter werden" anklingen.

Wenn Sie zuerst mit aufgeregter Stimme vom bewegten Wasser sprechen und dann sowohl den Geschichten-Fluss (und damit das Bild in Annas Kopf) als auch Ihren Redefluss ruhiger werden lassen, kann sich diesem vielschichtigen Tempowechsel kaum ein Kind entziehen.

… Er ging ein wenig diesen guten und starken Fluss entlang und merkte, wie der Fluss immer ruhiger und langsamer floss. Zuerst noch ein lautes Glucksen und Hüpfen, später dann immer ruhiger, nur mehr ein leises, leises Plätschern, Murmeln und Strömen. Wie er so das Flussbett entlangging, merkte er, wie müde er von der langen Reise geworden war …

Für ein Kind, das am Morgen gern ein trockenes Bett hätte, bauen Sie doch an einem realen Bach in der Natur oder mit Knetmasse einen kleinen Damm und lesen am Abend eine Geschichte mit der folgenden Passage:

… er kommt mit seinem Freund zu einem reißenden Fluss, den er überqueren will. Sie bauen „… (einen Damm etc.) Und als der Damm hoch und stark genug ist, hält er sicher das Wasser zurück und der Bub kann trockenen Fußes durch das Flussbett gehen. Sie haben einen guten Damm gebaut. Er ist sicher und stark, und er hält sie und das Bett trocken (8)."

Wenn jemand sehr leicht wütend wird, erfinden Sie eine Geschichte mit einem Wasserhahn, wo heißes Wasser zuerst durchzischt und dadurch manchmal Schaden anrichtet – und dann reguliert aufgedreht, abgedreht oder gemischt mit kaltem Wasser werden kann!

Nutzen Sie die alterstypische, besondere Denkweise: Je jünger Anna ist, umso mehr ist ihre Denkweise egozentrisch (sie kann sich kaum in die Denkweise und Sichtweise anderer einfühlen) und magisch: Wünsche werden dann wahr und Gedanken können beim anderen Schaden anrichten. Für eine Dreijährige können Kräfte und Gefühle durch Berührung übertragen werden: Traurigkeit kann sich verringern, wenn Anna diese in ein Traurigkeits-Fress-Stofftier fest hineindrückt, Wut kann man durch Schlagen loswerden. Dinge werden auf selbstverständliche Art personifiziert und können wie Lebewesen denken oder fühlen: Der Sessel, an dem sie sich gestoßen hat, ist böse; die Schokoladestückchen sind beleidigt, wenn sie alle auf einmal aufgegessen werden; das Gacki möchte gern zu seinen Brüdern und Schwestern durch das Klo in den großen Kanal und will nicht alleine in einer Hose sein.

Greifen Sie beobachtetes oder typisches Verhalten (Gewohnheiten, Vorlieben, Lieblingstiere, Lieblingsessen u. Ä.) auf (9). Als besonders geübter Erzähler können Sie sogar das ganz aktuelle Verhalten von Anna indirekt einbauen und die gewünschte Veränderung in der Geschichte passieren lassen:

(Beispiel: Anna zappelt herum, obwohl sie übermüdet ist)

… Er war wirklich müde, doch seine Beine wollten noch weiter laufen. Ein wenig später konnte es sein, dass die braunen Bärenbeine ein bisschen müde und noch ein bisschen müder wurden und seine Bärenbeine ganz von alleine Lust bekamen, manchmal ruhig zu werden und vielleicht so zu tun, als würden sie schlafen. Dann passierte es dem kleinen Bären mit den großen Ohren vielleicht, dass er einen besonderen Traum hatte. In diesem Traum träumte er davon, dass er am nächsten Morgen noch ein bisschen größer und stärker geworden war. Weil er schon so groß und stark war, ging er im Traum schon ganz von selber in den Kindergarten. So wie heute bei seiner Wanderung waren Mamabär und Papabär im Traum in einer anderen Gegend und er hatte selber viel Spaß und macht viele interessante Sachen. Der kleine Bär mit den großen braunen Ohren hatte ein sicheres und gutes Gefühl und später wachte er aus diesem schönen Traum ganz erfrischt und erholt auf. Weil er mit seinem Ausflug fertig war, ging er schnell wieder nach Hause und erlebte noch viele tolle Tage.

Und schau, schau, schau, der Bär läuft nach Haus und die Geschichte, die ist jetzt ganz sicher und ganz gut aus.

Verwenden Sie unbedingt im Endteil der Geschichte eine positive Sprache. Am Schluss geht es in jedem Fall um Lösung, Beruhigung und Sicherheit – daher keine Verneinungen und keine indirekt negativen Begriffe einbauen!

Kennen Sie das Experiment vom blauen Elefanten? Wenn nicht, machen Sie bitte mit und denken Sie keinesfalls, ganz sicher nicht, unter keinen Umständen in den nächsten drei Minuten an einen blauen, tiefblauen Elefanten, groß und mächtig und blau. Je mehr Sie sich auf diese Aufgabe konzentrieren, umso weniger gelingt es Ihnen – außer Sie kennen den Trick und holen sich ein anderes Bild, mit dem Sie Ihren Kopf füllen. Unser Gehirn denkt gerne in Bildern und erkennt nicht sofort rein sprachliche Verneinungen. Denn es sortiert die ankommende Information nach Gefahren, Schlüsselwörtern und bildhaften Begriffen und reagiert zuerst einmal darauf.

Es ist deshalb eine wunderbar wirksame Winzigkeit, wenn Sie statt „hat immer weniger Angst" die Worte „wird immer sicherer" sagen. Wenn Sie wollen, dass Ihr Kind vorm Einschlafen mit dem Grübeln aufhört, erzählen Sie eine Geschichte von jemandem, der „sich immer mehr und mehr denken kann, dass alles gut wird" – statt dem eher gebräuchlichen „macht sich weniger Sorgen". Ersetzen Sie den Satz „Und er wollte es nicht vergessen" durch „Und er dachte sich: Denk daran!" und den Rat „Ärgere dich nicht" durch „Sei wieder freundlich zu dir".

Es können auf diese Art **direkte und indirekte Verhaltensmöglichkeiten** in der Geschichte verpackt werden. Solche Informationen kommen besonders gut an (oder auch nicht, das entscheidet Anna schon so, wie es im Moment für sie passt), wenn sie in Form von Vorschlägen oder Alternativen angeboten werden:

„Er wusste nicht, ob er heute oder morgen die Lösung finden würde."
„Er wusste nicht, welche Lösung er zuerst finden würde."
„Sie dachte nach und dachte nach, doch die Lösung kam an diesem Tag/in diesem Moment noch nicht."
„Es war neugierig, wie es zuerst die Erleichterung spüren würde."
„Er konnte es zuerst nicht glauben, dass er den richtigen Weg finden würde/dass es gut wird/dass er einmal wieder Glück spüren könnte."

Manchmal allerdings müssen auch schreckliche Gedanken ausgesprochen werden – mehr dazu im Kapitel 4.

Weitere wichtige Informationen zu heilsamen sprachlichen Formulierungen finden Sie im Kapitel 6, „Die Macht der Mikrogeschichten". Zu dem an dieser Stelle nur kurz angerissenen Lösungsaspekt gibt der 6. Teil des Buches ebenfalls nähere Informationen.

Abfahrt

Verlassen Sie die Insel! So wie Sie zuerst gemeinsam die Alltagswelt hinter sich gelassen haben, sollen Sie am Ende der Geschichte eindeutig von der Geschichteninsel Abschied nehmen und den Aufenthalt klar beenden. Dann weiß Anna, welche Regeln nun wieder gelten.

Dazu dient der **Schlusssatz** der Geschichte selbst („... und schau, schau, schau, der Bär ...) und dann, wenn keine zweite mehr erzählt wird, das **Zeichen für die Abfahrt**. Dafür ist es günstig, sich wieder ein Ritual auszudenken bzw. etwas, das sich einmal bewährt hat, bewusst beizubehalten. Es kann eine kleine oder große Bewegung sein (Licht abdrehen, Wasser trinken, aufstehen, das Buch an seinen Platz zurückstellen, den vorher markierten Raum verlassen, sich umarmen usw.) und/oder ein besonderer Abschiedssatz („Jetzt ist die Geschichtenzeit vorbei.").

Ein **Signal für das Wiedereintauchen ins Alltagsmeer** wird Anna danach sicher und gut in der Realität platzieren: „Was spielen wir jetzt?" „Ich wünsche dir eine gute Nacht." „Worauf freust du dich denn morgen?" „So, jetzt kommt Zähne putzen dran ..."

4. Heilsame Geschichten über die Vergangenheit

Wenn etwas Schlimmes passiert ist ...

Wenn Anna etwas Beunruhigendes, Schwieriges, Konflikt- oder Schmerzhaftes erlebt hat, verdient sie Hilfe zur Bewältigung. Es können Katastrophen sein wie Gewalt, Lebensgefahr, Tod oder Krankheit. Oder es sind kleine und große Schreckmomente, die Kindern leider passieren und vor denen wir sie nicht immer schützen können.

Dabei entscheidet es sich allein im betroffenen Menschen selbst – unabhängig davon, ob er zehn Monate oder zehn oder 100 Jahre alt ist –, was eine Belastung oder Beunruhigung darstellt! Für einen Erwachsenen, in einer anderen Altersstufe, vielleicht sogar nur an einem anderen Tag, wäre ein Erlebnis möglicherweise eine Kleinigkeit, das jedoch genau zu diesem Zeitpunkt oder unter den gegebenen Umständen verschreckt.

Lassen Sie sich daher nicht durch die Erwachsenenperspektive täuschen! Natürlich erscheint manches objektiv gesehen als „kein Grund zum Angst haben". Doch Anna sieht mit ihren 3- oder 13jährigen Augen nicht objektiv, sondern selbstverständlich höchst subjektiv. Daher lässt sie vielleicht die freundlich gemeinte, aber viel zu plötzliche und ungefragte Umarmung durch eine fremde Person, eine tote Taube am Straßenrand, die gelben Augen im Fernsehfilm, das Gespräch von Erwachsenen über eine Krankheit ... erstarren oder erschrecken.

Dabei gibt es selbstverständlich wesentliche Unterschiede zwischen einem kleinen Schreck und dem großen Trauma mit vielen dazwischen liegenden Abstufungen:

Beim Schreck gibt es die typischen Reaktionen wie zum Beispiel aufschreien, weinen, weglaufen oder kämpfen. Danach beruhigt sich ein Kind meist wieder und versucht, das Geschehene in seine Erfahrungswelt einzuordnen. Nach solchen Situationen kann Ihre Geschichte beim sinnvollen Lernen helfen. Ein Beispiel: Nach einem Sturz auf der Rolltreppe kann Anna daraus den Schluss ziehen: „Alle Rolltreppen sind gefährlich, ich fahre nicht mehr damit", oder aber „Beim Rolltreppenfahren werde ich in Zukunft besonders gut aufpassen".

Das traumatisch wirkende Erlebnis zeichnet sich durch eine Situation aus, welche von TraumaexpertInnen die „traumatische Zange" (10) genannt wird. Diese beinhaltet zwei typische Merkmale:

1. Ein Mensch erlebt eine außerordentlich bedrohliche Situation, bei der sich subjektiv Körper und/oder Psyche in großer Gefahr befinden. Häufig sind es völlig unerwartete, aus heiterem Himmel hereinbrechende Ereignisse, manchmal auch Erlebnisse, die langsam aber unausweichlich auf einen zukommen. Dazu können Erfahrungen gehören, wo zum Beispiel das Selbstwertgefühl zerstört wird, genauso wie Situationen, bei denen Kinder erleben, dass jemand anderer bedroht ist. Massive Angstgefühle und Entsetzen entstehen.
2. Für den Betroffenen ist subjektiv weder Hilfe noch Flucht oder Kampf möglich, er erstarrt mit den Gefühlen von Hilflosigkeit und Ausgeliefertsein.

Was können Sie nun als mitfühlender und liebender Erwachsener tun, wenn einem Kind etwas Schlimmes passiert?

Gleich vorweg: Es gibt in einer solchen Situation kein Patentrezept, aber es gibt zwei Grundsätze:

1. Es ist weder für die Helferin noch für die Betroffene gesund, extrem lange bei einer Verhaltensweise zu bleiben. **Verändern Sie daher von Zeit zu Zeit Ihre Strategie!** Das gilt für die Hilfestellung genauso wie für die Traumaverarbeitungsschritte (siehe Anhang 1) und selbstverständlich in besonderem Maße dann, wenn etwas nicht (genug) hilft.
2. Es ist nicht gut, jemandem bei der Verarbeitung eines belastenden Erlebnisses eine Verhaltensweise aufzuzwingen. **Lassen Sie Freiräume!**

Es gibt dazu zwei weit verbreitete Irrtümer. Der eine heißt „Ständig darüber reden“ und der andere „So schnell wie möglich vergessen“.

Wer zum Beispiel bei einem Gerichtsverfahren genötigt war, immer wieder über etwas Schreckliches zu berichten, weiß, wie re-traumatisierend das sein kann. Darf oder kann man über ein schlimmes Erlebnis niemals sprechen, stellt dies in der Regel ebenfalls eine enorme psychische Belastung dar. Vielleicht kennen Sie einen Menschen, der nach einer schlimmen Erfahrung so tut, als wäre es nie passiert und dabei sichtlich darunter leidet – oder wie unter Zwang immer und immer wieder das Gleiche erzählt, jedoch dadurch offensichtlich keinerlei Erleichterung erfährt.

Es ist also weder günstig, jemanden um jeden Preis zu einer Aufarbeitung bringen zu wollen, noch ist zu empfehlen, allzu schnell von der unangenehmen Erfahrung abzulenken oder darüber hinwegzugehen. Um ein Kind nach Schreck oder Trauma optimal unterstützen zu können, sind je nach **Verarbeitungsphase** und **Bedürfnis des Kindes** unterschiedliche Hilfestellungen günstig. Grundlegendes dazu finden Sie im Anhang 1.

Auch Sie selbst als wichtige Bezugsperson von Anna brauchen nach einem schrecklichen Erlebnis manchmal Hilfe. Nehmen Sie sich wichtig genug, der Bereich der ersten

Hilfe für Bezugspersonen wird im Anhang 1 ebenfalls kurz dargestellt.

Über den Literaturteil finden Sie Hintergrundinformationen zum mittlerweile gut erforschten Thema Trauma und zu weiteren Möglichkeiten und Grenzen der Unterstützung.

Wenn Sie Anna bei der Verarbeitung helfen, indem Sie ihr passende Geschichten erzählen, erfüllen Sie beide der oben genannten Grundsätze: Sie bieten neue Wege an, ohne zu zwingen.

Wenn es schwer wiegende Erlebnisse sind oder wenn Sie beobachten, dass ein Ereignis Anna völlig aus der Bahn wirft und sie trotz aller Hilfestellung über ein Trauma nicht hinwegkommt, dann sind traumazentrierte psychologische und psychotherapeutische Unterstützung unumgänglich. Sonst könnten traumatische Ereignisse zu nachhaltigen Einschränkungen oder Veränderungen in der Persönlichkeit eines Menschen führen. Adressen bzw. Informationsmöglichkeiten dazu finden Sie ganz am Ende des Buches.

… und Anna spricht darüber …

Nach dem ersten Schock wird Anna weinen oder traurig sein, sie wird möglicherweise mit den Menschen in ihrer Umgebung über das belastende Ereignis sprechen wollen, oder vielleicht ungewohnt ruhig sein und nachdenken, um danach Fragen zu stellen. Es kann sein, dass sie dazu ein Bild malt. Oder sie stellt das Geschehene im Spiel dar, entweder mit Spielzeug oder im Rollenspiel, und versucht dadurch, es zu verarbeiten. Manche Kinder lassen ihren Körper sprechen: Sie werden krank oder sind nach einem Schreck oder einer großen Veränderung besonders leicht verletzbar und reagieren auf Belastungen unerwartet heftig mit Verzweiflung, Aggression oder Rückzug.

Es ist einfacher, Hilfe zu bekommen (und auch zu geben!), wenn darum indirekt oder direkt angefragt wird. Daher ist es prinzipiell immer begrüßenswert, wenn sich Anna möglichst offen mit dem Geschehenen auseinander setzt und darüber vieles erzählt oder zeigt. In diesem Fall ist es möglich, ganz klar mit Anna über das, was passiert ist, zu sprechen. Sie können ihr direkt oder in Form einer Geschichte erklären, was in der Umgebung und in ihr abgelaufen ist und vielleicht noch abläuft. Dies hilft, das Geschehene als abgeschlossene „alte Geschichte“ zu begreifen.

Jede Reaktion in oder nach dem Schreck soll dabei prinzipiell als kreativer Versuch der Verarbeitung anerkannt werden, auch wenn sich einiges vielleicht als destruktiv oder nicht zielführend herausstellt und dem Kind geholfen werden muss, andere Verhaltensweisen zu finden.

Bedenken Sie, dass manche Menschen in der Umgebung bald nichts mehr von Traumaverarbeitung hören wollen und abweisend oder bestrafend auf den Alltag störende Verhaltensweisen eines Kindes reagieren. Vielleicht wird es Ihnen selbst auch einmal zu viel und Sie werden böse auf Anna. Jeder Mensch hat seine Grenzen. Lesen

Sie Anhang 1, helfen Sie geduldig und variantenreich, aber beobachten Sie dabei genau, ob Anna in einer Extremreaktion oder Verhaltensweise hängen bleibt. Genau dafür ist Ihr Gefühl von Ärger oder Hilflosigkeit vielleicht ein Zeichen! Dann braucht ein Kind zusätzliche Unterstützung und keine zusätzlichen Scham- und Schuldgefühle.

Nach einigen Tagen oder auch Wochen haben Sie und Anna sich vermutlich einigermaßen erholt. Dann können Sie so wie auf den nächsten Seiten beschrieben aus dem Geschehenen eine Geschichte machen, sie aufschreiben und erzählen. Damit helfen Sie, dass ein Erlebnis nicht als dauerhafte Belastung an Anna kleben bleibt, sondern sie etwas Konstruktives herausholen und es danach ablegen kann.

Problemlösungsgeschichte (Teile): Direkte Erklärung zur Vermeidungsreaktion nach einem Schreck
(Kindergarten-/Schulalter)

Es ist klar, dass du dich vorm Liftfahren fürchtest, nachdem wir zwei eine Stunde warten mussten, bis er weitergefahren ist. Weißt du, im Schreck lernt unser Gehirn alles ganz schnell. Und dein kluges Gehirn glaubt jetzt, jeder Lift ist gefährlich. Die Angst möchte dich deswegen davor schützen, wieder einen Schreck zu bekommen. Eh sehr nett von der Angst, meinst du nicht auch?

Aber dein Verstand weiß ja, dass der Lift jetzt wieder repariert ist. Deine Erinnerung sagt dir sicher, dass wir ganz, ganz oft mit dem Lift gefahren sind, und er hat immer funktioniert. Und dein Herz sagt dir sicher, dass uns zwei gar nichts passiert ist, wir haben das Richtige gemacht und einfach den roten Knopf gedrückt und gewartet. Es war heiß und es war unbequem. Wir haben das ausgehalten und dann ist auch wirklich der Mechaniker gekommen. Puh, das war dann angenehm, weißt du noch?

Lässt du heute die Angst gewinnen, oder möchten dein Verstand, deine Erinnerung und dein mutiges Herz der Angst heute schon zeigen, dass jetzt alles in Ordnung ist und du keinen Schutz mehr brauchst?

Problemlösungsgeschichte: Erklärung von Traumafolgen
(Schulalter)

(Die Geschichte passt, wenn Anna sich über sich selbst ärgert oder Schuldgefühle hat, weil sie im Schreck wie erstarrt stehen geblieben ist, statt zu flüchten.)

Es war einmal und es war einmal nicht ein uralter, weiser Zwergen-Zauberer. Der lebte in einem wundervollen Zwergenland mit sieben Bergen und sieben Tälern in einem Schloss mit sieben mal sieben Türmen. Dorthin kamen alle Zwergenbewohner des

Landes, wenn sie Rat brauchten. Und eines Tages kam zu ihm ein mitteljunger Zwerg, dem war Folgendes passiert … (Erlebnis von Anna erzählen)

Der uralte, weise Zwergen-Zauberer sagte zu dem mitteljungen Zwerg: „Weißt du, wenn man große Angst hat, kann man nicht so gut denken. Das haben wir Zwergenmenschen von den Tieren abgeschaut: Wenn ein Tier in Gefahr ist, muss es schnell flüchten können und darf nicht lange hin und her überlegen. Also: alle Gedanken schnell wegsperren, damit man sich ganz schnell ducken kann, oder laufen, oder stocksteif stehen bleiben. Der Körper kann ohne Gedanken viel schneller das tun, was er zum Überleben braucht. So einen klugen Körper haben Tiere und auch wir Zwerge.

Deswegen hat man bei großen Gefühlen so etwas wie eine Denksperre. Auch bei großer Begeisterung oder großer Traurigkeit oder großer Liebe ist das so. So ist unser Gehirn gemacht.

Stell dir vor, manchmal passiert sogar noch mehr: Da hat man bei großem Stress nicht nur eine Denksperre. Da kann man sich vor lauter Schreck gar nicht mehr richtig bewegen, eine Bewegungssperre! Oder gar nicht weinen! Manchmal kriegt man sogar das Gefühl, dass man nicht einmal mehr atmen kann. Da ist man wie erstarrt. Nur innen, da pumpert das Herz ganz arg und man hat vielleicht sogar das Gefühl, man muss sterben. Ein ganz großes Angstgefühl macht immer so etwas mit dem Körper von jedem Tier und jedem Zwerg und jedem Menschen. Das ist ganz normal. Das zeigt, dass man einen gut funktionierenden, klugen und gesunden Körper hat.

Wenn dann der Extremstress vorbei ist, kann es natürlich passieren, dass Ärger aufkommt und man denkt: „Warum habe ich nicht dies oder jenes gemacht? Warum bin ich nicht weggegangen, warum habe ich nicht Hilfe geholt?“ Ja, wenn der Stress und die Sperre durch das starke Gefühl vorbei sind, dann haben so kluge Gedanken wieder in unserem Gehirn Platz. Aber vorher eben nicht. Erst dann wieder. Und da ist es wichtig, dass du, lieber, mitteljunger Zwerg, nicht von dir glaubst, dass du besonders dumm bist oder so. In so einem Stress ist nämlich jeder normale Zwerg ein bisschen denkdumm wegen der Denksperre und körper-klug gleichzeitig – das habe ich gerade erklärt, weißt du's noch. Ja? Jetzt siehst du, dass du gescheit bist und dir das gemerkt hast. Du kannst jetzt wieder freundlich zu dir und deinem Gehirn und deinem Körper sein. Manchmal, aber nur manchmal, kann man seinem Körper im Stress ein kleines bisschen helfen, wenn man darauf aufpasst, dass man im Stress drei Mal gut und tief atmet. Denn durch diesen Zauber kriegt der Körper mehr Luftkraft und kann dann noch besser körper-klug sein.

Wenn der Stress vorbei ist, hast du wieder deine Gedanken und deine Stimme und deine Bewegung und deinen Atem. Siehst du, mitteljunger Zwerg, so wie jetzt. Es ist alles wieder in Ordnung. Du bist ganz in Ordnung.“

Und weiter sagte der uralte, weise Zwergen-Zauberer zu dem mitteljungen Zwerg: „Weil dein Körper ganz in Ordnung ist, bekommst du eine Belohnung für so viel

Körper-Klugheit. Und weil deine Gedanken ganz klug sind und du jetzt so viel weißt und so viel erlebt hast, bekommst du eine Belohnung für so viel Gedanken-Klugheit."

So sprach der Zwergen-Zauberer. Dann zauberte er ein Schild. Auf diesem Schild stand in besonderer Schrift „Hier wohnt ein kluger Kopf in einem klugen Körper" in einer ganz schönen Farbe *(Welche Farben sollen denn die Schrift und das Schild haben, was denkst du?)*. Dieses Schild durfte sich der mitteljunge Zwerg auf die Eingangstür seines Zwergenhauses hängen, damit er selbst und alle anderen das immer im Gedächtnis behalten konnten.

Und schau, schau, schau, im Zwergenhaus lebt auch eine liebe Zwergenmaus und die Zwergengeschichte ist jetzt aus.

(Ich hab eine Idee: Dir ist doch auch so was passiert, eigentlich hast du dir auch so ein Schild verdient. Wollen wir eines machen?)

… und Anna spricht nicht darüber …

Wenn etwas Schlimmes passiert ist oder Sie etwas Belastendes vermuten und Anna erzählt Ihnen nichts davon, will nachher auch nicht darüber sprechen, weint nicht oder verhält sich so, als wenn nichts passiert wäre, ist Hilfeleistung wesentlich schwieriger.

Es passiert bei Kindern allerdings relativ oft, dass eine von außen beobachtbare, aktive Auseinandersetzung mit einer schlimmen Erfahrung nicht stattfindet oder jede Beeinträchtigung geleugnet wird, obwohl es wahrscheinlich ist, dass Anna leidet.

Besonders schlimm ist es für liebevolle Menschen in der Umgebung, wenn sie erst im Nachhinein erfahren, dass es eine Belastung gegeben hat und Anna diese aber als Geheimnis mit sich herumgeschleppt hat, anstatt Hilfe zu suchen oder zumindest zu erzählen.

Hüten Sie sich vor einem häufigen Irrtum: **Denken Sie niemals, Anna würde Ihnen alle belastenden Erlebnisse mitteilen!**

Kein Kind erzählt seinen vertrauten Bezugspersonen immer alle Probleme. In meiner langjährigen Arbeit habe ich noch niemals ein psychisch gesundes Kind kennen gelernt, das keine guten und belastenden Geheimnisse hatte. Dies ist für die Entwicklung von Autonomie und Eigenständigkeit nämlich ein unbedingt notwendiger Schritt.

Es kann verschiedene Ursachen haben, warum Kinder nicht über ein sehr belastendes Erlebnis reden. Hier nur einige davon:

- Kinder, die einen Erwachsenen sehr lieben und mit ihm eine nahe und vertrauensvolle Bindung haben, wollen ihn manchmal ganz einfach nicht aufregen. Sie erzählen etwas nicht, um die Umgebung zu schonen.
- Vielleicht möchte Anna ein Problem ohne Hilfe lösen. Diese Erfahrung brauchen Kinder, um ein Gefühl für Stärke und Autonomie entwickeln zu können.

- Oft haben Kinder den – manchmal unbegründeten und manchmal objektiv auch wahren – Eindruck, selber schuld zu sein. Eine (vermeintliche) Schuld eingestehen zu müssen ist nicht immer einfach. Selbstverständlich passieren Kindern Fehler, die schlimme Folgen haben. Es ist eine völlig normale (wenn auch nicht immer günstige) Reaktion, nicht über etwas reden zu wollen, was peinlich oder beschämend ist.
- Ein Kind fürchtet sich vor Strafe. Strafe ist nicht nur Schimpfen und Schlagen, sondern vielleicht auch, an einem nach einem Unfall erwiesenermaßen gefährlichen Ort nicht mehr spielen oder nicht mehr alleine weggehen zu dürfen. Eine Strafe kann sein, dass die Mama oder der Papa enttäuscht und böse ist, weint oder Angst hat. Damit meine ich keinesfalls, dass diese Reaktionen von uns Erwachsenen falsch sind, sondern ich möchte damit nur deutlich machen, was besonders auch liebende und geliebte Kinder bereits als Strafe empfinden. In diesem Bereich gibt es extreme Fehleinschätzungen, daher seien Sie bitte selbstkritisch: Es gibt Erwachsene, die glauben, ihr Kind würde mit allen Problemen zu ihnen kommen – und dieses Kind wird schon bleich und zittrig, wenn es sich fünf Minuten verspätet, weil eisiges Schweigen es empfängt.
- Nach traumatischen Erlebnissen ist es aus hirnphysiologischen Ursachen möglich, dass man keine Worte findet: Das Sprachzentrum ist im Schock regelrecht blockiert. Ähnliches gilt für bestimmte Teile des Gedächtnisses. Bei extremen traumatischen Ereignissen kann es daher passieren, dass man das Erlebnis tatsächlich nicht mehr (vollständig) erinnern kann (Literatur dazu im Anhang 3).
- Bei jedem Menschen holt nicht nur die Erzählung, sondern bereits die bloße Erinnerung an ein unverarbeitetes dramatisches Ereignis die alten Bilder und belastenden Gefühle zum Teil wieder hervor. Häufig ist deswegen der Impuls da, sich nicht erinnern und daher nicht erzählen zu wollen. Alle jüngeren und manche älteren Kinder hoffen zusätzlich noch: „Wenn ich nicht mehr daran denke und nicht darüber spreche, dann ist es gar nicht passiert", so wie sie glauben: „Wenn ich die Augen zumache, kannst du mich nicht sehen." Manchmal ist dieses innere Augen-Zumachen eine vorübergehend notwendige Überlebensreaktion, weil sonst die Psyche eine schmerzhafte Erinnerung nicht aushalten könnte.
- Ein weiterer Grund können Geheimhaltungsversprechen sein, die ein Kind aus Liebe oder aus Angst gegeben hat bzw. geben musste, um sich selbst oder den/die Schuldigen zu schützen.
- Manchmal ist ein Kind schlichtweg noch zu jung, um Ereignisse und Gefühle bewusst abspeichern oder in Worte fassen zu können. Am Ende dieses Kapitels finden Sie einige Beispielgeschichten dafür, wie man solche ganz frühen Erlebnisse heilsam einordnen und abschließend helfen kann.

Damit Sie Anna die notwendige Unterstützung geben können, brauchen Sie selbst ein eigenes, stabiles Gefühl. Ich erlebe oft, wie es liebende Erwachsene kränkt und traurig, wütend und hilflos macht, wenn ihr Kind etwas Schlimmes nichts erzählt und dadurch keine Hilfe bekommen konnte. Gleichzeitig ist jedem klar, dass Anna vor allem lernen soll, wie gut es ist, sich in Not Hilfe zu holen – ein extremer Gefühlsausbruch seitens eines geliebten Erwachsenen würde dies jedoch eher verhindern, Anna müsste zwangsläufig denken: „Hätte ich doch bloß nichts gesagt."

Aber wir alle sind Menschen. Daher kann es geschehen, dass Sie sich trotz allen Wissens unendlich verletzt fühlen. Dazu kommen manchmal quälende Schuldgefühle oder Mitleid, das einem das Herz zerreißt, berechtigte Wut auf die Ursache – und oben drauf die Hilflosigkeit, wenn Anna nicht darüber sprechen und sich nicht helfen lassen kann oder will. Ihr Verstand weiß, dass es nichts mit Vertrauen oder Beziehung zu tun hat – und trotzdem trifft es Sie möglicherweise zutiefst.

Ihre Gefühle sind genauso in Ordnung wie jene von Anna! Nehmen Sie sich selber wichtig, Sie brauchen in diesem Fall selbst **eigene „erste Hilfe"**, so wie in der „3-Schritte-Regel" am Ende von Anhang 1 beschrieben.

Zu den dort vorgeschlagenen Verhaltensweisen kann dann noch zusätzlich ein **vierter Schritt** kommen: In einer ruhigen Stunde, wenn alles ausgestanden ist, können Sie sich mit Anna zusammensetzen und sie fragen: „Ich verstehe, wie schwer es für dich war, dir Hilfe zu holen. Es ist gut, dass du es dann trotz allem gemacht hast. Was brauchst du, was kann ich als Freundin/Mutter/Opa … tun, dass es für dich das nächste Mal leichter ist? Was für Möglichkeiten gibt es, wenn du nicht zu mir kommen kannst/willst, zum Beispiel weil ich gerade nicht da bin oder weil wir Streit hatten?"

Wenn Anna über ein Problem nicht sprechen will, kann das einen ganz anderen Grund haben. Denn Erwachsene irren sich zeitweise gründlich. **Vielleicht wehrt Anna nämlich jede Hilfe deshalb ab, weil sie keine braucht!** Möglicherweise hat sie gar nichts Schreckliches wahrgenommen oder ein Erlebnis macht ihr tatsächlich ganz einfach nichts aus und ein langes Bereden würde sie als störend empfinden. Manchmal lenkt intensives Nachfragen das Denken sogar erst in eine Richtung, wo es gar nicht hin soll: Wer allzu oft gefragt wird, ob er „wirklich nicht wütend ist", der wird irgendwann einmal wütend sein.

Helfen wollende Erwachsene finden sich dann in einem Dilemma: Sie haben irgendwie das Gefühl, dass Hilfe vielleicht wichtig wäre. Doch es fehlt die klare Einladung dazu, oder Anna lehnt Unterstützung sogar eindeutig ab und reagiert gelangweilt bzw. genervt auf entsprechende Angebote.

Geschichten sind in solchen Zwickmühlen und auch mit unvollständigen Hintergrundinformationen ein ideales Mittel, um hilfreiche Botschaften zu transportieren. Denn dafür brauchen Sie nicht unbedingt genau zu wissen, was passiert ist. Sie können eine Geschichte schon rund um eine vage Vermutung oder Ahnung konstruieren. Für zukünftige Problemsituationen können Sie Einladungen aussprechen, indem Sie Botschaften einbauen und vermitteln, die für sich allein bereits präventiv wirksam sein können (siehe Kapitel 6):

Erzählen hilft, denn zu zweit kann man Probleme besser lösen.
Es gibt in jeder Situation mehr als einen Lösungsweg.
Meistens glaubt man mitten im Problem, dass etwas viel schlimmer aussieht, als es dann im Nachhinein wirklich ist.

Dabei sollen und können Sie Anna nichts aufdrängen: Geschichten bieten an und erlauben Anna, sich genau das zu nehmen, was günstig und möglich ist. Wenn Anna Hilfe im Moment gar nicht notwendig hat, diese für sie nicht passt, oder etwas anderes aktuell ist, wird eine solche Geschichte nicht schaden! Sie vermeiden ein vielleicht unangenehmes Herumreden über etwas, worüber Anna nicht reden will oder kann, oder wo sie ein Gespräch vielleicht auch gar nicht braucht.

Wenn Sie eine Geschichte zu einem Thema machen, können Sie diese auf jeden Fall einmal erzählen. Sollte etwas doch kein schreckliches Erlebnis für Anna gewesen sein, hört sie nur eine interessante Geschichte wie viele andere auch und wird sich nichts weiter dazu denken. Auch gut. Vertrauen Sie darauf, dass sich Anna aus Ihrem Angebot nimmt, was sie im Moment nehmen oder brauchen kann!

Sie wollen helfen und haben sich von allzu starken Gefühlen, die Sie beim Unterstützen behindern würden, frei gespielt? Dann ist es an der Zeit, sich für Anna eine besondere Geschichte auszudenken!

… erzählen Sie eine Schreck- oder Traumageschichte!

In den alten Märchen und Sagen werden eigentlich die Belastungen und Ängste früherer Zeit aufgegriffen. Doch trotz grundlegender Veränderungen in Umwelt und Gesellschaft sind sie zum Teil so beliebt wie eh und je. Ich bin überzeugt, dass es vorwiegend nicht die in psychoanalytischen, systemischen oder anderen Denkmodellen gefundenen Deutungen sind, die Märchen so faszinierend machen.

Es ist vermutlich viel, viel einfacher: Es ist der Aufbau einer heilsamen Geschichte, der sich darin finden lässt:

Es war einmal ein Mensch, dem ging es zuerst gut,
dann passierte etwas Schreckliches oder Belastendes.
Der Mensch handelte entsprechend seinen Möglichkeiten
oder mit Hilfe von anderen,
und zum Schluss fand alles ein gutes Ende.

Ziele

Mit einer möglichst genau passenden Traumageschichte ermöglichen Sie Anna die Verarbeitung auf vielen Ebenen:

1. **Logische Ebene:** Anna kann verstehen, was passiert ist. Ursache und Wirkung werden klar, daher kann sie daraus lernen und ihr zukünftiges Verhalten entsprechend planen.
2. **Emotionale und körperliche Ebene:** Angst hat – oft entgegen jeder Logik – die fatale Eigenschaft, sich ausbreiten und umliegende Bereiche anstecken zu wollen. Es besteht immer die Gefahr, dass in jeder Situation, die ein wenig an die belastende erinnert, die Angst bzw. das Gefühl von damals im Körper aktiviert und diese damit unangenehm und vermieden wird. Eine Geschichte hilft, solche Verallgemeinerung zu verhindern.
   Um in diesem Bereich wirksam zu werden, ist die Benennung von körperlichen Zuständen, Gefühlen und Reaktionen ein unverzichtbarer Bestandteil der entsprechenden Geschichte. Dadurch werden – aus der Distanz der Geschichte heraus – Blockaden von Wahrnehmungs- und Verarbeitungsprozessen gelockert und ein Ereignis kann gefühlsmäßig eindeutig abgeschlossen werden.
3. **Klare Platzierung auf der Zeitlinie:** Eine Traumageschichte ermöglicht ein Stück weit die Zuordnung von „Ein schlimmes Abenteuer, das gut ausgegangen oder zumindest jetzt sicher vorbei ist". Genau das Gleiche kann niemals wieder passieren, denn es ist Vergangenheit. Natürlich kann etwas Neues geschehen, das in vielen Elementen an das alte Erlebnis erinnert. Doch das muss zwangsläufig anders sein, denn inzwischen hat sich nicht nur die Welt, sondern auch man selbst sich verändert.
4. **Ebene der Selbstüberzeugung:** Sie können aus jedem Ereignis eine konstruktive oder zumindest unschädliche Schlussfolgerung für das Welt- und Selbstbild ableiten. Menschen lernen aus Gefahrensituationen manchmal allzu schnell – und eh man sich's versieht, hat man die lähmende Selbstüberzeugung „Die Welt ist gefährlich und ich bin ausgeliefert". Doch jeder, der das denken kann, hat zumindest überlebt und kann daher genauso realistisch den Schluss ziehen: „Ich kann gefährliche Situationen überstehen."

Soweit zur Theorie. Letztendlich allerdings entscheidet (es sich in) Anna selbst, was sie als hilfreich bewertet und auf welchen Ebenen sie Botschaften erreichen.

Vorbereitung

Inhalt

Um eine Traumageschichte auf möglichst vielen Ebenen passend zu gestalten, ist es günstig – wenn auch nicht unbedingt notwendig – einige Informationen darüber zu haben. Neben dem strukturierten Ablauf des Ereignisses sind die Antworten auf die folgenden beiden Fragen günstig (11):

Frage 1: **Wenn du dich an diese alte, schlimme Sache erinnerst, welcher Teil davon war denn am schlimmsten? Welches Bild taucht denn da auf?**

Dadurch bekommen Sie eine Vorstellung vom belastendsten Moment und vom Gefühl, das Anna in diesem Moment hatte und das sie vielleicht heute noch beherrscht. Sie können gleichzeitig beobachten, ob sie durch die Erinnerung noch sehr mitgenommen wird. Zugleich leitet dies zur Frage 2 über:

Frage 2: **Wenn du dir diesen schlimmsten Moment in der Erinnerung anschaust, was denkst du dabei über dich? Welche Gedanken über dich selbst kommen dir da in den Sinn?**

Idealerweise können Sie eine Selbstüberzeugung oder Beschreibung (heraus-)hören, durch die deutlich wird, was Anna heute über sich selber denkt, wenn sie das schlimmste Bild vor Augen hat. Die Schlussfolgerungen, die sie aus dem Ereignis gezogen hat, behindern sie möglicherweise noch immer. In Anhang 2 finden Sie eine Liste der häufigsten krank machenden und heilsamen Selbstüberzeugungen.

Dies hilft bei der Beurteilung, ob Anna etwas Günstiges oder etwas Zerstörerisches daraus gelernt hat. Wenn aufgrund der Fragen deutlich wird, dass Anna wirklich gut über sich denkt und etwas auch emotional gut und sicher verarbeitet hat, haben Sie Material für eine Erfolgsgeschichte, deren Aufbau gegen Ende dieses Kapitels beschrieben ist.

Ein Beispiel: Die 5-jährige Anna erzählt nach einem stationären Spitalsaufenthalt auf die Frage 1 (während sie gemeinsam Fotos von damals anschauen oder eine kranke Puppe verarztén), dass sie ganz allein mit Schmerzen im großen Bett gelegen ist. Sie glauben, das war nur ein kurzer Moment? Möglicherweise kann es objektiv gar nicht stimmen, weil Sie immer dabei waren? Es kommt in diesem Moment nur auf die subjektive Wahrnehmung von Anna an, denn es ist ihre Erinnerung, die sie genau so im Kopf hat und die ihr vielleicht zu schaffen macht. Das Wissen um eine objektive Wahrheit ist erst später zur Gestaltung der Geschichte wichtig. Sie sollten zu diesem Zeitpunkt keinesfalls Diskussionen mit ihr führen. Anna würde dann sofort denken: „Ich habe etwas Falsches gesagt."

Auf die Frage 2 antwortet Anna vielleicht nicht direkt, sondern ihr fällt plötzlich eine Geschichte ein, wo jemand böse war. Sie können daraus schließen, dass Anna über sich selber glaubt „Ich bin böse", wenn sie an das Krankenhaus denkt. Kein Wunder, wenn sie das belasten würde! Auch hier bitte nicht diskutieren, sondern höchstens am nächsten Tag noch einmal nachfragen: „Du, ich habe einmal gehört, da war ein krankes Kind. Das hat gedacht, es ist böse. Was denkst du, wie kann das passieren?" Vielleicht kommt eine Erklärung dazu. (Sie hat irgendwann einmal gefroren, hat nicht die Haube aufsetzen wollen. Krank sein ist dann eine Strafe. Oder Anna denkt andersrum: Wer allein gelassen wird, muss vorher böse gewesen sein.)

Manchmal muss man die negative Selbstüberzeugung einfach erraten. Sie erzählen ja nur eine Geschichte. Es muss nicht alles richtig sein, was drinnen steht.

Sie sollten also bei Anna nur behutsam nachfragen und dürfen keinesfalls dagegen argumentieren („Das war doch gar nicht so schlimm"), beleidigt reagieren („Ich habe dich doch nie allein gelassen!") oder die Antworten negativ bewerten, auch wenn diese völlig abwegig erscheinen („Was erzählst du da für einen Unsinn!"). Selbstüberzeugungen sitzen dort, wo logische Argumente nur schwer hinkommen! Wenn Sie den Eindruck gewinnen, dass sich Anna langweilt, dass sie durch die Fragen extrem belastet wird oder sie einfach nichts dazu sagen will, forschen Sie nicht lange weiter. Denn auch hier gilt der bereits bekannte Grundsatz: nicht zwingen und nicht drängen! Wenn Anna etwas in sich verschließen muss, tut sie das aus einer aktuellen psychischen Notwendigkeit heraus und als Schutz vor Überbelastung. Respektieren Sie das oder noch besser: Freuen Sie sich darüber, dass Anna gute psychische Schutzreflexe hat.

Vielleicht haben Sie sich ja auch geirrt und es gibt keine Altlast – natürlich gibt es dann auch nichts Schlimmes zu erzählen.

Mit diesen beiden Fragen haben Sie nun Informationen über die ganz schlimmen Bilder, Gefühle und Gedanken bzw. Selbstüberzeugungen. Damit können Sie genau diese Bausteine in Ihre Geschichte hineinnehmen und die passende positive Botschaft hinzufügen (Anhang 2).

Wenn Sie darüber nichts erfahren konnten und lediglich Vermutungen haben, ist es trotzdem gut möglich, aus diesen Teilen und mit Hilfe Ihres Einfühlungsvermögens etwas Heilsames selbst zu bauen bzw. eine Geschichte, die Sie in diesem oder in einem anderen Buch finden, entsprechend zu verändern und anzupassen.

Zeitpunkt des Erzählens

Notwendig ist eine Zeit, zu der sich Anna gut und sicher fühlt.

Erzählen Sie eine Traumageschichte **niemals vor dem Einschlafen!** Jede Art der Traumahilfe zielt unter anderem darauf ab, mehr Kontrolle über äußere und innere Vorgänge zu geben. Im Bett, kurz vorm Träumen, ist es generell nicht günstig, Themen hervorzukramen, die beunruhigend sein könnten. Solche Geschichten gehören in den Tag hinein, wo sich Anna geborgen und sicher fühlt und wo sie die Wahl hat, sich danach mit Spiel oder Gespräch zu beschäftigen. Angenehme Erfolgs- und Lösungsgeschichten können hingegen hervorragend als Gute-Nacht-Geschichten dienen.

Wenn Anna noch **direkt in oder kurz nach der belastenden Situation** steckt, ist es meist ebenfalls besser, Erfolgs- und Lösungsgeschichten zu erzählen und mit Traumageschichten noch zu warten.

Deutungen und Interpretationen

Traumageschichten müssen für sich allein wirken. Sie sollen weder Inhalt noch Symbolik für Anna übersetzen oder erklären und schon gar nicht im Nachhinein testen, was Anna verstanden hat. Vertrauen Sie darauf, dass sie intuitiv erfasst, was mit ihr zu tun hat und dass die heilsamen Botschaften schon dort ankommen, wo sie hinpassen. Auch wenn sich scheinbar gar nichts verändert: Man weiß nie, zu welchem Zeitpunkt ein Samenkorn die richtigen Umweltbedingungen hat, um zu keimen.

Aufbau und Eigenschaften

Sprache

Diese Form von Geschichte braucht unbedingt eine **altersgerechte Sprache**, damit Anna sie inhaltlich wirklich gut verstehen kann. Wenn Sie Anna manchmal etwas vorlesen und sie dabei beobachten, werden Sie intuitiv gut erfassen, wie einfach bzw. komplex Sprache und Satzbau für ihr Alter sein sollen.

Sowohl die einzelnen Sätze als auch die Geschichte als Ganzes soll **kurz genug und überschaubar** sein. Auch die aktuelle maximale **Aufmerksamkeitsspanne** kennen Sie wahrscheinlich von den üblichen Vorlesegeschichten her. Wenn nicht: Für ein Schulkind sollte die Länge zwischen zehn bis maximal 20 Minuten liegen.

Dabei sollten Sie bedenken, dass Kinder häufig nicht nachfragen, wenn sie etwas nicht verstehen. Sie sind von der Spannung in der Geschichte vielleicht fasziniert und in unserer komplexen Welt gewohnt, Wörter und Handlungsabläufe nicht zu verstehen und einfach hinzunehmen (so wie ich einfach akzeptiere, dass ein SMS mein Mobiltelefon von einem anderen Erdteil aus finden kann). Bei wesentlichen Passagen können Sie den Erzählfluss unterbrechen und nachfragen: „Was ist denn damit gemeint, was denkst du?"

Für jede Traumageschichte gibt es eine weitere notwendige Bedingung, wenn sie wirksam sein soll: Sie muss **möglichst viele Sinneskanäle ansprechen**. Erzählen Sie daher, was der Hauptdarsteller sieht, hört, riecht, schmeckt, auf der Haut und im Bauch spürt. Beschreiben Sie, welche Körperempfindungen auftauchen und geben Sie den Gefühlen auch die dazugehörigen Namen.

Aufbau

Die Geschichte muss mit der Schilderung einer positiven Situation beginnen, im Mittelteil A kommt die Katastrophe oder Schwierigkeit, gefolgt von Mittelteil B, dem Lösungsweg. Am Ende wird ein positiver Zustand wiederhergestellt.

Aufbau		
1. Anfang:		Einleitungssatz (siehe Kapitel 3) Identifikation ⇔ Sicherheit
2. Mittelteil:	A:	belastendes Geschehen in Kurzform schlimmstes Bild/belastendste Szene belastender Gedanke („Ich …") schlimmes Gefühl beschreiben „Das kann leider einem Kind (Tier …) passieren."
	B:	Lösungsweg, Ausweg, aktiver Beitrag des Kindes positives Gefühl entlastender, guter Gedanke („Ich …")
3. Schluss:		gute und sichere Stimmung verstärken Schlusssatz (siehe Kapitel 3)

Der Anfang
Der Anfangsteil der Geschichte hat zwei Hauptziele: Identifikation und Sicherheit.

1. Identifikation:
Es gilt in allen guten Geschichten der Grundsatz, dass immer Dinge, Umweltbedingungen und Personen miteinbezogen werden, mit denen sich Anna identifizieren kann oder die Anna mag. Eine gute Geschichte enthält **ein Stückchen Spiegel, in dem man einen Teil von sich sehen kann.**

Bei heilsamen Geschichten ist diese Nähe noch viel mehr notwendig. Denn es geht darum, durch Identifikation das eigene Erlebnis und Gefühl für kurze Zeit wieder aufzurühren, um es dann gut und sicher endgültig Vergangenheit werden zu lassen.

Die direkteste Methode, um die notwendige Nähe herzustellen, ist die entsprechende **Wahl der Hauptdarstellerin**. Sie kann ein ähnliches Alter und Geschlecht wie Anna haben und vielleicht in einer ähnlich strukturierten Familie leben, mit ähnlichen Lieblingsbeschäftigungen, Lieblingsessen oder anderen typischen Eigenheiten. Allerdings muss der Handlungsträger zumindest einen anderen Namen haben als Ihr Kind. Denn dadurch behält Anna die Freiheit, sich bei Bedarf zu distanzieren.

Wenn Anna ein Lieblingstier oder eine -tierart hat, darf die Geschichte auch gut mit diesem Tierkind spielen. Sollte Anna gerade Wolken beobachtet haben, kann auch ein Wolkenkind die Hauptperson in der Geschichte sein.

Durch die Wahl des Handlungsträgers können Sie bei sehr belastenden Inhalten die Intensität variieren, indem Sie dieselbe Geschichte zuerst einmal mit einer entfernten Hauptperson erzählen und dann einige Tage später näher spielen lassen: das heißt, die erste Version der Geschichte handelt zum Beispiel nicht von einem Menschenkind, sondern von einer Sonnenblume.

Einige Beispiele für Leitfiguren – mit sinkender emotionaler Nähe:

- Menschenkind in ähnlicher Situation (Schulkind, gleiche Familienkonstellation, Lieblingsspeise, Haarfarbe …)
- Menschenkind in fremder Situation (Prinzessin, Müllerssohn …)
- Mensch
- Lieblingstierkind (immer gilt: Je mehr Ähnlichkeiten in Alter, Haarfarbe etc., umso mehr Identifikation)
- vertrautes Tier
- neutrales Tier (zum Beispiel Marienkäfer, Fliege, Fisch …)
- Pflanzenkind
- Wolken-, Stein-, Regentropfenkind …
- Pflanze, Wolke, Stein, Regentropfen …

Es gibt allerdings auch hier nichts, was mit Sicherheit für jedes Kind gleichermaßen gilt: Bei Fernsehfiguren zum Beispiel sollten Sie immer vorher nachfragen, weil diese manchmal wichtige Identifikationsfiguren darstellen und somit große Nähe herstellen.

Ein zweites Kriterium beeinflusst emotionale Beteiligung: Annas **Mitspracherecht bei der Gestaltung**. Je mehr sie mitreden kann, umso mehr wird sie mitfühlen. Wenn Sie Anna den Namen, das Alter, das Aussehen bestimmen lassen, wenn Sie beide gemeinsam überlegen, wie die Landschaft in der Geschichte aussehen könnte und ob es dort Frühling oder Sommer sein soll, dann wird sie sich von Beginn an mehr angesprochen fühlen. Auch damit können Sie die Identifikation und das so wichtige Miterleben variieren.

Die Entscheidung, wie groß die Nähe sein soll, damit die heilsame Wirkung voll zum Tragen kommt, ist nicht immer einfach. In der Regel ist es wie erwähnt günstig, sich bei stark belastenden Themen langsam von mehr Distanz zu mehr Nähe vorzutasten. Zuviel an Emotion soll in jedem Fall vermieden werden, denn zu jedem Zeitpunkt braucht Anna die Sicherheit, Kontrolle über ihre Gefühle und Gedanken zu haben. Sonst wird sie davon überschwemmt und überwältigt und verliert jeden Spaß an der Sache.

Die Identifikation muss also groß sein, gleichzeitig darf die erzählte Situation nicht zu belastend, also nicht zu nahe werden. Daher bildet das Gefühl der Sicherheit den Gegenpol zur Identifikation. Dazwischen balanciert die heilsame Geschichte. Wenn Anna nicht zumindest am Anfang und am Ende des Erzählens ein gutes, sicheres Gefühl haben kann, bleibt die beste aller Geschichten wirkungslos.

2. Sicherheit

Der Anfangsteil hat daher die zweite wichtige Funktion, ein gutes Gefühl entstehen zu lassen. Das gelingt, indem Sie eine Situation ausführlich beschreiben, in der es gut und sicher ist. Während Sie ein Bild einer angenehmen Ausgangslage malen, mit vielen Details und unter Einbeziehung von Annas Ideen, entsteht in Anna die Atmosphäre der Sicherheit und Entspannung. Sie braucht diese Startsituation, damit sie sich gemeinsam mit Ihnen auf die manchmal etwas unangenehme Reise in die Belastung hinein und wieder heraus begeben kann.

Die einzelnen Teile einer Traumageschichte möchte ich anhand eines Beispieles darstellen:

Traumageschichte: Anna ist im Supermarkt verloren gegangen
(Vorschul-/Schulalter)

Es war einmal vor langer oder kurzer Zeit ein kleiner Bärenbub, der lebte mit seiner Familie und mit vielen anderen Bären in einer großen Bärenstadt mitten in einem hohen Tannenwald. *Wie könnte denn dieses Bärenkind heißen, was denkst du …?* (Bärli)

Also für Bärli war es ziemlich lustig, die vielen interessanten Sachen und die vielen Bären zu sehen. Es gab immer etwas zu entdecken und zu spielen in der Bärenstadt, in seiner eigenen Höhle und im Wald rundherum: lustige Steine zum Herumrollen, schöne Bäume zum Klettern, gute Sachen zum Fressen. Seine Lieblingsspeise waren … *Was könnte das sein?* (Palatschinken). Es roch so gut im Bärenwald und der Wind rauschte in den Spitzen der himmelhohen Bäume …

Der Mittelteil
A: Damit in Anna noch ein letztes Mal die Erinnerung an die unangenehmen Gefühle von damals hochkommen darf, beginnt der Mittelteil mit der **Beschreibung des schlimmen Erlebnisses**. Wenn das Ereignis plötzlich und unerwartet eingetreten ist, dann nehmen Sie auch das in die Geschichte hinein! Folgen Sie dabei der tatsächlichen Reihenfolge, sagen Sie, wer wann was wo getan hat, inhaltlich möglichst klar und eindeutig.

Damit erreichen Sie Ordnung auf der logischen Ebene. Bei widersprüchlicher Wahrnehmung allerdings lassen Sie beide Wahrnehmungen wertfrei nebeneinander stehen und sagen dazu: „Das ist so ein Stress, dass man nicht mehr weiß, was zuerst war und was danach/dass jeder Beobachter andere Dinge sieht und hört und niemand weiß wirklich, was genau passiert ist."

Sie können Details der Schrecksituation wie Geruch, Geschmack, Laute … beschreiben. Lautmalerei-Worte holen Geräusche besonders direkt auf die Geschichteninsel (Peng, Zack, Zing, Holterdipolter, Zischen und Prasseln). Anregungen dazu finden Sie in Comics, die mit einem Minimum an Worten auskommen, weil sie direkt Bilder in den Kopf holen und vielleicht genau deshalb beliebt sind.

Wenn Sie wissen, was **das schlimmste Bild/der schlimmste Augenblick** war und was Anna **Belastendes über sich denkt**, gehört das ebenfalls hier eingebaut. In Anhang 2 finden Sie, wie bereits erwähnt, eine Liste möglicher belastender Gedanken und Überzeugungen sowie den jeweils passenden Gegen-Satz, der später dann (im Teil B) genannt wird.

Bitte scheuen Sie sich nicht, diese furchtbaren Sätze an dieser Stelle der Geschichte einmal klar und offen auszusprechen. Anna weiß vielleicht noch nicht, was Sterben wirklich bedeutet, doch trotzdem ahnen Sie, dass sie Todesangst empfunden hat? Oder sie hat sich vollkommen allein, hilflos, schuldig gefühlt? Geben Sie dann diesen Gefühlen und Gedanken auch diese Namen! Es kann Anna unendlich erleichtern, wenn sie hört, dass es in so einer Situation auch einem Wolkenkind passiert ist, dass „sein Herz ganz schnell schlug, es einen Moment lang keine Luft holen und nicht einmal schreien konnte". All das verdient die Zusammenfassung: „Da hatte das Wolkenkind richtig Todesangst! In diesem Moment musste es denken: Ich muss jetzt sterben." Schließlich kommt dann am Ende des B-Mittelteils das Gefühl der Sicherheit wieder – und der Satz: „Ich habe es überlebt, ich habe eine so schlimme Sache überstanden."

Gegen Ende der Beschreibung der Belastung kommt der Satz: **„Das kann leider Kindern/Bärenkindern/Kieselsteinchen … passieren"** (12). Diese Formulierung ist ganz besonders wichtig. Damit machen Sie klar, dass auch das schlimmste Ereignis etwas Normales hat. Anna ist nicht allein damit, es ist schon Kindern vor ihr ebenfalls passiert. Sie schützen damit Anna vor unguten Schuldzuweisungen und vor den unheilvollen, lediglich entsetzlich belastenden Fragen: „Warum gerade ich? Warum gerade mir?" Zugleich verhindert dieser Satz die Schlussfolgerung: „Wenn nur mir so etwas zugestoßen ist, muss ich besonders schlimm (schlecht, dumm, arm …) sein" und die damit verbundene, krank machende Selbstüberzeugung.

… Eines Tages besuchte die ganze Bärenfamilie mit Bärli eine besonders riesige Bäreneinkaufshöhle. Dort waren auch ganz viele andere Bären und ihre Kinder unterwegs. Sie hatten gerade ein kleines Spielzeugauto gekauft. Da plöööötzlich passierte etwas sehr

Schreckliches: Der Bärenbub konnte seine Eltern nicht mehr sehen. Gerade noch waren sie da gewesen und plötzlich waren sie verschwunden. Nur mehr ein Gewurl und Geschurl. Plötzlich allein. Nur das Spielzeugauto in der Hand.

Der kleine Bärenbub bekam einen schrecklichen Schreck. Wie gelähmt war er zuerst, dann fing er an zu zittern und zu weinen. Er war fürchterlich traurig und verzweifelt. Er dachte sich vielleicht: „Ich bin ganz und gar hilflos. Ich bin verloren. Ich weiß nicht, was ich tun soll!" Er hatte große Angst, dass er seine Mama und seinen Papa niemals wieder sehen würde. So traurig und ängstlich ist er, dass er einfach nur dastehen und weinen kann.

Das kann leider, leider kleinen Bärenkindern und ihren Eltern passieren …

B: Die zweite Hälfte des Mittelteiles beschreibt **den Lösungs- oder Ausweg**. Wenn Sie genug darüber wissen, kann das dem wirklich erlebten Lösungsweg entsprechen.

Sollten Sie lediglich eine Vermutung haben, können Sie zwei oder mehrere realistisch mögliche Alternativen einbauen: „… dann kann es sein, dass er mit traurigem Gesicht herumschaute und jemand anderer konnte das bemerken. Oder es kann sein, dass er zu einem freundlichen Bären sagte: Hilf mir!"

Es ist für Anna ganz außerordentlich hilfreich, jenen Teil herauszuarbeiten, wo der Handlungsträger **selber etwas richtig und gut gemacht** und dadurch zur Problemlösung beigetragen hat! Vielleicht entkommt die Hauptdarstellerin der Belastung dadurch, dass sie selbst aktiv wird, vielleicht wird sie „jeden Tag ein bisschen größer und stärker", oder sie holt sich direkt oder indirekt Hilfe von außen. Der Held kann auch „geduldig abgewartet" oder „ausgehalten" haben, oder „er hat jeden Tag gedacht: Was habe ich heute gut gemacht? Und damit ist er innerlich gewachsen und schließlich so stark geworden, dass eines Tages etwas Besonderes passieren konnte."

Beachten Sie bitte: Jeder Körperreflex (sich einrollen, erstarren, schreien, weinen, weglaufen, stehen bleiben …) und jedes Gefühl hat einen biologisch sinnvollen Hintergrund oder ist zumindest Zeichen eines normal und gut funktionierenden Körpers! In vielen Beispielgeschichten dieses Buches können Sie Erklärungen solcher vom Kind selbst (und/oder seiner Umgebung) manchmal als falsch oder dumm eingestuften Reaktionen finden, die in Wahrheit das Beste oder Normalste waren, was man in dieser Situation tun konnte. Auch dazu ein Beispiel:

„Natürlich dachte sich der kleine Vogel dabei: Jetzt muss ich sterben! So richtig arge Todesangst bekam er. Da gab das Herz vom Vögelchen Vollgas und weil das Vögelchen dabei gar keine Luft holen konnte, konnte es keinen Ton herausbringen. So einen klugen Körper hatte der kleine Piepmatz: Denn bei Todesangst macht der Körper ganz automatisch, dass einen ein Feind dann gar nicht sehen oder hören kann, weil man ganz starr wird und ruhig. So mutig und gut funktionierte dieser kleine Vogelkörper, obwohl er dabei innerlich zitterte und bebte und am liebsten laut schreien wollte."

Sollten Sie einen **Zusammenhang zwischen einem aktuellen belastenden Verhalten und einem alten Ereignis** vermuten, können Sie dies ebenfalls zum Aufbau des Mittelteils verwenden.

Wenn Sie also glauben, eine Angst vorm Schlafengehen hat etwas mit dem Krankenhausaufenthalt zu tun, dann bauen Sie dies zu Beginn des B-Teiles ein. Die Angst wird dann **als Teil einer eigentlich vernünftigen Lösungsstrategie** oder Reaktion beschrieben, die nur leider nicht den gewünschten Erfolg bzw. eine unangenehme Nebenwirkung hat, also leider keinen Sinn macht. Danach können Sie den Abschied vom Problemverhalten und eine gute Lösung **erfinden und damit vorhersagen**.

Dies kann als besonderes Ereignis beschrieben werden: „An einem ganz normalen Tag passierte plötzlich etwas Neues!", oder Sie lassen die Lösung als langsam beginnende Verhaltensänderung in die Geschichte treten (siehe auch Kapitel 6). Außerordentlich elegant ist es, eine natürliche und unvermeidliche Entwicklung (älter, größer, stärker werden) als Zeichen für die zunehmende Verbesserung zu deuten.

Jede Geschichte soll selbstverständlich eine Lösung anbieten, die realistisch, konstruktiv und nachvollziehbar sein muss. Es gibt immer mehrere Möglichkeiten, die diesen Kriterien entsprechen – wenn man auch manchmal länger danach suchen muss!

Den Abschluss des Mittelteils bildet **der positive „Ich ..."-Satz**, zu dem sich die negative Überzeugung hin entwickeln soll und der sich auf diese bezieht (Anhang 2).

... Doch damit, dass Bärli so dastand und weinte, genau damit machte er etwas sehr Richtiges. Denn genau das konnte ein freundlicher Bär sehen. Genau damit machte Bärli also etwas Richtiges. Natürlich hätte er auch noch andere richtige Sachen tun können. Aber das war genau so richtig und klug!

Denn der freundliche Bär, der Bärli gesehen hatte, fragte ihn nach seinem Namen. Dann rief er mit seiner lauten Brüllstimme den Namen von Bärli durch die Höhle: Bääääääärli sucht Maaaama und Paaaapa!!!! *Kannst du auch so brüllen, Anna? Lass mal hören.* Die Eltern, die natürlich schon auf der Suche waren nach ihrem Bärli, hörten das und kamen auch gleich angaloppiert. Alle freuten sich sehr und drückten einander ganz fest. Vor lauter altem Schreck und neuer Freude mussten sie sogar ein bisschen weinen.

Und der Bärenbub wusste nun: „Wenn es mir irgendwann wieder passiert, dann weiß ich jetzt, dass es nicht schlimm bleibt. Ich weiß, was ich tun kann. Jetzt bin ich in Sicherheit." ...

Der Schluss

Am Ende des Mittelteils haben Sie in der Geschichte einen vielleicht neuartigen, aber wieder guten Zustand hergestellt. Im Schluss ist es nun wichtig, dieses **gute Gefühl ganz lebendig und damit spürbar** werden zu lassen! Sie können die Endszene ausführlich beschreiben, vielleicht mit ähnlichen Formulierungen wie am Anfang, mit Geruch, Geräusch und guten Bildern. Sie können den Lösungsweg nochmals bestärken oder den positiven Satz wiederholen.

Der allerletzte **Schlusssatz** verdient besondere Beachtung (siehe Kapitel 3). Denn er markiert nicht nur den Abschluss der Geschichte, sondern soll die gute, hoffnungsvolle und sichere Stimmung weiter verstärken oder zumindest nicht wieder vermindern. Achten Sie daher ganz besonders bei Traumageschichten genau darauf, die zum Teil gängigen, indirekt negativen Formulierungen wie „wenn sie nicht gestorben sind …" durch positive und hoffnungsvolle zu ersetzen:

… lebte – und leben vielleicht noch immer – glücklich und zufrieden weiter!
… erlebten noch viele gemeinsame Abenteuer/viele glückliche Jahre!
… hatte weiter eine ganz aufregende und lustige und gute Zeit!

Danach kommen die endgültige Abfahrt von der Geschichteninsel und der Wiedereintritt in die Alltagswelt. Sollten Sie bei den Geschichten aus diesem Buch oder anderen Quellen auf eine Schlussformulierung stoßen, die Anna ganz besonders zufrieden macht (Sie werden das an ihrem Gesichts- und Körperausdruck sehen!), können Sie diese häufiger verwenden. Hängen Sie diesen Lieblingssatz dann einfach bei anderen Geschichten an!

… Der große kleine Bärenbub weiß also jetzt ganz sicher: „Ich kann etwas tun."

So ging die Geschichte gut aus. Die Bärenfamilie mit Bärli und dem Spielzeugauto fuhr wieder nach Hause. Die Familie lebte glücklich und zufrieden weiter in ihrer gemütlichen Höhle in der großen Bärenstadt mitten im hohen Tannenwald. Mit lustigen Steinen zum Herumrollen, schönen Bäumen zum Klettern und köstlichen Sachen zum Fressen für Bärli. Immer erinnerte ihn das Spielzeugauto daran: „Ich habe es richtig gemacht, es ist gut ausgegangen." Es roch so gut und der Wind rauschte in den Spitzen der himmelhohen Bäume. So lebte er weiter im Bärenwald und erlebte noch wunderbar viele schöne Tage.

Vergessen Sie bitte in keiner Phase auf den **Geschichteninselzustand**: Damit sich Anna sicher und geborgen fühlen kann, darf sie tun, was immer sie dazu braucht. Vielleicht kann und will sie nicht sitzen oder kuscheln, sondern herumgehen oder malen. Treffende Traumageschichten sind im Mittelteil ein Stück weit belastend. Sie sollen Anna ja auch für kurze Zeit in das alte Gefühl mitnehmen, um sie dann in ein neues, gutes Gefühl zu führen. Bei so viel innerlichem Herumwandern brauchen viele Annas auch äußerlich Bewegung. Wenn Sie sehen, dass sie dabei gut zuhört, lassen Sie sich beim Lesen davon einfach nicht ablenken.

Denn noch einmal, nur zur Sicherheit: Höfliches Benehmen (Anna soll still daneben sitzen und ruhig mit- bzw. zuschauen) zu verlangen wäre bei dieser Art von Geschichten völlig verkehrt. Es darf in diesem Moment nur um Hilfe und Selbstheilung gehen und in keiner Sekunde um Erziehung.

Wenn Sie nicht sicher sind, wie eine Geschichte ankommen wird, dann lesen Sie diese doch einem unbeteiligten Kind oder Erwachsenen vor, oder Sie lassen sich Ihre eigene Geschichte vorlesen. Unklarheiten oder Unstimmigkeiten werden recht rasch spürbar und können behoben werden.

Besonderheiten

Wenn Anna nicht mehr zuhören will …

… kann es sein, dass sie gelangweilt oder übermüdet ist.

Es wird so wie bei jeder Erzählsituation manchmal passieren, dass Anna nicht mehr zuhören mag oder kann, sondern beginnt herumzutoben oder einzuschlafen.

Vielleicht ist die Geschichte zu lang, langweilig oder unwichtig. Vielleicht haben Sie sich geirrt und etwas, bei dem Sie eine Belastung vermutet haben, ist zum jetzigen Zeitpunkt doch nicht interessant für Anna. Sollte ein Kind während einer Traumageschichte auf die eine oder andere Art aussteigen wollen, dann hören Sie aber bitte **nicht** mitten drinnen auf.

Besser ist, Sie kürzen radikal, fassen den Mittelteil in wenigen Sätzen zusammen (zum Beispiel: „Das war schlimm. Aber dann ist gleich Hilfe gekommen.“) und führen den Handlungsträger samt Anna als Zuhörerin sicher und sehr rasch an das gute Ende.

… nimmt sie die Geschichte möglicherweise etwas zu sehr mit.

Wirkt Anna aber nicht desinteressiert, sondern während des Erzählens beunruhigt? Das bestärkt die Vermutung, dass es tatsächlich eine unverarbeitete Altlast in Annas Erinnerung gibt und dass das Thema der Geschichte passt. Sie brauchen nicht zu befürchten, in alten Dinge unnötig umzurühren: Wenn etwas aufgerührt werden kann, dann war es noch nicht verarbeitet! Genau dann ist es wichtig, etwas, das in schlechter Form erstarrt ist, zuerst wieder in Bewegung zu bringen. Danach kann es in einer neuen, besseren Mischung oder neu sortiert ein Stück mehr zur Vergangenheit werden. Erzählen Sie also in diesem Fall zügig weiter, während Sie Anna noch mehr Sicherheit und angenehme Atmosphäre vermitteln. Bauen Sie zusätzlich sofort mehr Distanz zur Geschichte auf, indem Sie Details weglassen und Spannung aus Ihrer Stimme herausnehmen.

… ist sie vielleicht überfordert.

Wenn Anna jedoch so extrem mitleidet und -lebt, dass sie nicht mehr zuhören will oder kann, dann kürzen Sie den vermutlich allzu belastenden Teil A (siehe oben) und fahren mit dem guten B-Teil fort, schließen den Mittelteil wie üblich mit dem positiven Satz und beenden durch den angenehmen Schluss. Vielleicht kann Anna morgen oder nächste Woche die ausführliche Geschichte hören. Verwenden Sie aber dann unbedingt statt der Formulierung „Es war einmal ein Kind …" eine andere. Vielleicht: „Es war einmal ein Steinbrocken, der war schon uralt und rundherum zackig und eckig, als ihm Folgendes passierte: …" Erzählen Sie weniger Details und bauen mehr Positives ein. Damit vermindern Sie das Gefühl der Identifikation zugunsten von mehr Sicherheit.

Denn noch einmal: Wenn Vergangenheit extrem schlechte Gefühle in der Gegenwart machen kann, ist sie weder auf der körperlich-emotionalen Ebene noch auf der Zeitlinie wirklich Vergangenheit. Sie sind also mit dieser Geschichte auf dem richtigen Weg, nur Tempo und Intensität passen nicht.

Selbstverständlich ist es bei sehr belastenden Erinnerungen manchmal günstiger, für Anna professionelle psychologische/psychotherapeutische Hilfestellung zu suchen. Es gibt Dinge, die zu schwierig sind, als dass sie innerhalb von engen Beziehungen gelöst werden können, weil nur ein Außenstehender die notwendige Distanz und das Wissen um spezielle Unterstützungstechniken hat. Informationen dazu ganz am Ende des Buches.

… passt etwas an der Geschichte oder Annas aktueller Situation überhaupt nicht.

Sollte der sehr unwahrscheinliche Fall eintreten, dass Anna **auch nach einem ganz positiven Schlussteil beunruhigt oder angespannt** ist, dann schließen Sie den Geschichtenteil besonders klar ab und verlassen gemeinsam die Geschichteninsel.

Danach plaudern Sie mit Anna am besten noch über ein angenehmes Thema. Vielleicht gibt es eine lustige Erinnerung, vielleicht eine Sache in der Zukunft, auf die sie sich sehr freut. Oder Sie können mit Anna überlegen, wie ihr Schlaraffenland oder „Paradies auf Erden" aussehen würde. Manche haben gerne Bewegung, sie können gemeinsam laufen, Purzelbäume schlagen, herumtoben oder – wenn's leiser sein muss – „Blinde Kuh" spielen.

Die **Ursache** für ein unangenehmes Gefühl am Ende einer Geschichte kann in unterschiedlichen Bereichen liegen:

- Es kann sein, dass die gesamte Geschichte, eine Formulierung oder ein Bild darin zu gut passt, sehr nahe kommt oder ein Gefühl aufwirbelt, das für Anna in diesem Moment noch unerträglich ist. Dann können Sie Erfolgs- und Problemlösungsgeschichten erzählen und überlegen, ob nicht doch eine externe Unterstützung angebracht ist.
- Möglicherweise beinhaltet die Geschichte einen Teil, der irgendwie für Anna ungut formuliert ist. Vielleicht gibt es einen Satz, der Anna ein Schuldgefühl oder einen

unangenehmen Erwartungsdruck macht („sie war immer gut und lieb"), oder Anna assoziiert mit irgendeinem Wort etwas Bedrohliches („und wenn sie nicht gestorben sind"). Achten Sie daher besonders im Endteil auf die Wortwahl!
Um dies auszuschließen können Sie wie erwähnt einem anderen Erwachsenen die Geschichte vorlesen und ihn bitten, ganz genau auf seine eigene Stimmung und Gedanken dabei zu achten. Manches wird auch erst erkennbar, wenn man einige Wochen vergehen lässt und sich dann die Geschichte noch einmal durchliest oder anhört.

- Eine weitere Ursache könnte sein, dass Anna im Moment insgesamt zu belastet ist, um sich mit alten Geschichten auseinander zu setzen. Vielleicht denkt sie, dass sie nicht in Sicherheit ist. Wenn Anna glaubt oder weiß, dass sie in der Realität noch immer in Gefahr ist, dann kann sie natürlich nicht aufhören, auf der Hut zu sein. Zum Beispiel: Manche Menschen entwickeln nach Über-, Unfällen oder Krankheiten die panische Angst, dass es jederzeit wieder passieren kann. Wenn zum Beispiel ein Täter nicht gefasst ist oder man schon mehrmals krank war, hat das durchaus einen sehr realistischen Hintergrund. Sätze wie „Es ist vorbei" oder „Ich habe überlebt" können dann noch nicht passen. Sinnvoller ist es, in solchen Fällen konkrete Sicherheits- und Verteidigungsmaßnahmen mit Anna zu vereinbaren bzw. zu trainieren, oder bei Krankheiten deren erste Anzeichen und die dann notwendigen Schritte zu besprechen. Als heilsame Selbstüberzeugung passen die Sätze „Ich kann kämpfen" oder „Ich kann mitbestimmen, was passiert" vermutlich besser. Wenn zufällig ein Ereignis passiert, wo diese Botschaften enthalten sind, machen Sie daraus eine Erfolgsgeschichte und stärken sie auch auf diese Weise.
- Noch eine Möglichkeit fällt mir ein, die vielleicht niemand für sich bzw. die Umgebung eines Kindes ganz ausschließen kann: Wenn Anna befürchten muss, häufig zu hören, sie selbst oder ein anderer geliebter Mensch sei böse, schlecht, blöd, gemein …, dann kann und wird sie nicht glauben, dass sie „Ich bin ein gutes Kind" oder „Ich bin fähig" denken darf. Wenn ihre psychischen oder körperlichen Grenzen verletzt werden, wird sie gut daran tun, nicht zu denken, „Ich bin in Sicherheit". Achten Sie auf Ihre eigenen Streit- und Konfliktlösungsmuster und jene in der Umgebung (siehe Kapitel 6).

Wenn also Anna aus verschiedensten Ursachen eine Geschichte nicht ohne extreme Beunruhigung hören kann, akzeptieren Sie's und lassen das Thema eine Zeit lang ruhen.

In jedem Fall gelten auch hier die beiden Grundsätze der Traumahilfe:

1. Versuchen Sie nicht, Anna zum Zuhören zu zwingen! Denn wenn es häufiger passiert, dass Anna nach einer Geschichte ein schlechtes Gefühl hat, wird sie Ihnen, wenn sie klug und lernfähig ist, sonst bald nicht mehr zuhören wollen!
2. Wechseln Sie die Strategie und Ihr eigenes Verhalten. Sie müssen Anna nicht in ihrer Belastung hängen lassen, nur weil eine Traumageschichte (noch) nicht passt. Nutzen

Sie die Zeit und erzählen Sie Anna jede Menge Erfolgs- und Lösungsgeschichten! Oder überlegen Sie gegebenenfalls, professionelle Hilfe in Anspruch zu nehmen.

Wenn Anna etwas immer wieder hören will ...
... und es geht ihr dabei gut.

Dann erzählen Sie es eben immer und immer wieder (solang es Ihnen auch gut dabei geht!). Kinder haben manchmal ihre Lieblingsgeschichten so gerne, dass es für die Umgebung einigermaßen langweilig werden kann.

Wiederholung, Rituale und vorhersagbare Reaktionen schaffen vor allem Sicherheit. Anna braucht offensichtlich im Moment diese Sicherheit und das Gefühl, Kontrolle zu haben. Dies stellt einen ganz wichtigen Teil in manchen turbulenten Entwicklungsphasen dar. Sie können zusätzlich Sicherheits- und Erfolgsgeschichten erzählen und vielleicht zwischendurch eine Geschichte darüber, wie spannend eine Überraschung oder ein neues Land sein kann.

Das Selbstwert- und Sicherheitsgefühl eines Kindes zu stärken geht natürlich auch direkt durch dosierte Herausforderungen, Anerkennung u.v.m.

... und es geht ihr dabei nicht gut.

Wenn Anna eine Geschichte, bei der es *ihr offensichtlich schlecht geht*, wie unter Zwang immer und immer wieder hören will oder die gleiche Frage immer und immer wieder stellt, dann kann es sein, dass sie in einer Wiederholungsschleife gefangen ist. Sie bekommt durch ihr Verhalten zwar einerseits etwas, das sie im Moment braucht, andererseits aber doch nicht wirklich (sonst müsste sie es sich nicht immer und immer wieder-holen). Bedenken Sie: auch schlechte Rituale und Gewohnheiten geben Sicherheit, weil sie vorhersagbar sind! Doch trotzdem sind solche Verhaltensweisen schlechte Schleifen, die neben dem kleinen Nutzen auch Schaden anrichten!

In erster Linie ist es in diesem Fall notwendig herauszufinden, was an der Geschichte für Anna so wichtig ist. Ist es die Erleichterung am Ende? Die Bestrafung der Bösen? Ein kleiner Hund als Tröster? Sie können dann dieses Element in eine weniger bedrohliche Rahmenhandlung einbauen.

Wenn Anna dagegen zu sehr protestiert, können Sie versuchen, mit winzigen Änderungen zu experimentieren: z. B. Veränderungen in der Wortwahl, Kleidung, Umgebung oder Jahreszeit. Sie können auch inhaltlich umändern und positive Details einbauen.

Möglich ist ebenfalls, in eine fertige Geschichte, bei der Anna eigentlich immer alles genauso wie immer hören will, eine kleine entlastende Textpassage einzubauen:

„... in dieser Nacht aber passierte etwas anderes als sonst: Gretel hatte einen Traum. Eine gute, hellblau-durchsichtige und nach Vanille riechende (= Lieblingsfarbe,

Lieblingsgeruch) Fee kam und sagte ihr: „Es wird noch ganz schlimm, aber dann am Ende wird alles wieder gut …"

Bei Fernsehgeschichten, die Anna in einen negativen Bann ziehen, können Sie solche Variationen ebenfalls entwickeln: Zeichnen Sie die Sendung auf Video auf und zeigen Sie Anna, wie lustig und verrückt es wirkt, mit doppelter Geschwindigkeit vorwärts oder rückwärts zu spulen. Wenn es ein Bild gibt, das Anna besondere Angst macht, können Sie auf Standbild gehen, Anna mit Post-it und Filzstift bewaffnen und das Monster oder die Hexe mit grüner Sonnenbrille oder blauen Blumen im Haar verzieren. Ist auf dem Bildschirm ein Kind in Not, dann schneiden Sie aus Papier ein hilfreiches Wesen, Schutzengel etc. aus und kleben Sie das während des Standbildes oder des Films dazu. Seien Sie phantasievoll und spielerisch, damit Anna nicht in ihrem Entsetzten gefangen bleibt.

Die Botschaft dahinter lautet: „Du kannst die Bilder im Fernsehen und in deinem Kopf steuern, und dadurch auch deine Gefühle! Du hast die Kontrolle darüber!"

Beachten Sie bitte: Entsetzen wird manchmal mit Faszination verwechselt, besonders wenn man als Erwachsener selbst begeistert oder hingerissen von etwas ist. Die intensive Beschäftigung mit etwas Entsetzlichem ist dann kein wirkliches Interesse. Es stellt für Kinder in Wahrheit den verzweifelten und mutigen Versuch dar, über Gewöhnung doch noch Kontrolle über die eigenen Angstgefühle zu erlangen. Manche stumpfen irgendwann auch wirklich ab oder finden schlussendlich Gefallen an schrecklichen Szenen. Andere kommen immer mehr in diese Spirale des Entsetzens.

Ich bin überzeugt, dass es wichtig und die Aufgabe von verantwortungsvollen Erwachsenen ist, manches zumindest eine Zeit lang zu verbieten und Anna damit **vor entsetzlichen Bildern oder Geschichten zu schützen.** Denn je jünger ein Kind und je realistischer die Bilder (beachten Sie Nachrichtensendungen und Titelblätter von Zeitungen!), umso intensiver wiegt die negative Wirkung!

Erfolgsmerkmale

Es gibt einige grundsätzliche Merkmale, an denen die gelungene Bewältigung eines Erlebnisses sichtbar wird.

Gut verarbeitet ist ein Ereignis im Wesentlichen dann,

1. wenn es in Form einer Geschichte mit einem klaren Anfang und einem klaren Ende im Gedächtnis ist,
2. wenn dazu eine Schlussfolgerung bzw. ein Gedanke passt, die/der nicht als quälend oder belastend empfunden wird (siehe Anhang 2),
3. wenn man daran denken bzw. darüber berichten kann, ohne dass extrem unangenehme Gefühle damit verbunden sind.

Allerdings ist das nur eine Leitlinie. Ausnahmen dazu sind zum Beispiel das Gefühl der Traurigkeit und der Wehmut nach einem Verlust. Hier zeigt sich nach der ersten intensiven Trauerphase die zunehmende Integration darin, dass ein bewusstes Ein- und wieder Auftauchen in das Gefühl möglich ist und dass die Trauer nicht mit einem bedrohlichen Gefühl oder einer negativen Selbstüberzeugung vermischt ist.

Nun wünsche ich viel Freude und Erfolg! Es ist nie zu spät, eine Geschichte der Stärke zu erzählen!

Trauma- und Problemlösungsgeschichte: Krankenhausaufenthalt; seither Ängste, allein im Bett zu bleiben

(Kindergartenalter)

Es lebte einmal vor langer oder kurzer Zeit ein Küken mit einer Vogelfamilie. Ein lustiges Küken voller flaumiger Federn, mit ganz kurzen Beinchen und mit wundervollen blaugrauen (Augenfarbe des Kindes) Äugelchen. Ganz lieb war dieses Vögelchen. Und wie alle kleinen Tierchen brauchte es erwachsene Vögel, die es fütterten und wärmten und beschützten. So lebte das Küken mit seiner Familie in einem sicheren Nest in einem schönen Baum in einem schönen sicheren Märchenwald.

Doch eines Tages passierte etwas Anstrengendes. Eine Vogelkrankheit kam zum Küken. Davor kann ja leider niemand schütztzten. Das kommt manchmal. Manchmal sind Krankheiten gleich wieder wie weggeblasen und der Körper lernt, sich selbst zu schützen. Manchmal sind Krankheiten schlimmer und dann braucht ein Vogelküken Hilfe. Zu dem Küken im Märchenwald kam eine schlimme Krankheit und so bekam es Hilfe in einem Vogelkinderkrankenhausnest. *Ist das nicht ein schwieriges Wort: Vogel-Kinder-Krankenhaus-Nest?* Dorthin wurde es gebracht und mit großem Vogelgesang Tatü-tata begleitet. Im Krankenhausnest war alles neu und das Küken bekam richtig große Angst. Der Bauch tat so weh und es konnte für einen Moment seine Vogeleltern nicht sehen, die neben dem großen Nest saßen. Vielleicht war es zu dunkel, vielleicht hatte es vor Schmerz seine Augen zu. Vielleicht dachte das Küken da: „Das tut weh. Es wird niemals wieder aufhören. Ich bin allein. Ich bin verloren." Ja, solche schrecklich traurigen Gedanken kann ein kluges, kleines Küken haben. Es kann auch sein, dass dann auch so ein Gedanke kommt wie: „Vielleicht ist das so, weil ich böse bin." So etwas kann leider, leider kleinen, guten, lieben Küken passieren, sogar in einem Märchenwald.

Doch das ganz Schlimme war bald vorbei. Das Küken hatte einen starken Körper. Die Vogelerwachsenen taten alles, was wichtig und gut war. Bald wurde es besser und besser und besser und das Küken half ganz gut mit und schluckte alle Medizinkörner – ja stell dir vor, im Märchenwald fressen kranke Vögelchen Medizinkörner. So ein kluges und starkes Vogelküken war das.

Bald war es wieder daheim. Manchmal kam noch die alte Angst zum Vogelkind; und die schrecklich traurigen Gedanken. Das ist in Ordnung, das dauert bei Vögelchen meistens bis zum nächsten Frühling/ersten Schnee/ersten heißen Tag, nächsten Geburtstag – je nachdem, was im Bewusstsein von Anna bevorsteht.

Schon früher, viel früher konnten oft und immer öfter wieder gute Gedanken kommen. Das Vogelküken dachte: „Ich bin ein gutes Vogelkind, denn Krankheiten kommen und gehen so wie der Regen oder der Wind. Da ist niemand schuld. Ich bin nicht schuld. Ich bin ein kluges Kind und habe einen klugen Körper. Denn mein kluger Körper hat mit den Schmerzen gleich gezeigt, wo die Krankheit sitzt und dass ich Hilfe brauche. So ein kluger Körper ist das." Sehr bald konnte das Vogelküken selber aus dem Nest und wieder hinein fliegen, genauso wie es selber wollte. Sehr bald baute es sich sogar ein eigenes Nest, nur für sich allein, wo es ruhig und gemütlich schlafen konnte. Es war nämlich schon ziemlich groß geworden und deshalb war es im eigenen Nest viel gemütlicher. „Ich bin in Ordnung", zwitscherte das Küken glücklich, das nun bereits ein liebes, mittelgroßes Vogelkind war. „Ich bin gesund und froh und lebendig."

So lebte das Vögelchen mit all den erwachsenen Vögeln, die für Futter sorgten, mit ihm spielten und es beschützten in seinem eigenen, sicheren Nest in seinem schönen Baum in seinem schönen sicheren Märchenwald und es erlebte noch viele tolle, lustige Vogelabenteuer.

Trauma- und Problemlösungsgeschichte: Scheidung mit Gewalt, seither Unruhezustände

(Kindergartenalter)

Es war einmal vor langer, langer Zeit ein Märchenland, wo Lokomotiven wohnten. Nur Lokomotiven, gar keine Menschen. Vieles war so wie bei uns: Die Lokomotiven fuhren und standen, arbeiteten und hatten Spaß, dampften und schliefen, pfiffen leise und ratterten lustig laut. Es gab Lokmänner und Lokfrauen und Lokkinder in diesem Land. Sie spielten und lachten miteinander. Und manchmal hatten sie auch Streit. Eine Sache war aber ganz anders als bei uns Menschen: Die Lokomotiven mussten immer, immer auf Schienen fahren. Nur auf Schienen und Gleisen ging es ihnen gut.

Dort in diesem Land passierte einmal die folgende Geschichte: Es war eine Lokomotivenfamilie. Mutter und Vater und Kind. Zuerst war alles gut und alle drei fuhren miteinander auf den gleichen Schienen.

Doch dann wurden die Zeiten schlechter. Es gab einen Unfall zwischen den beiden großen Lokomotiven. Und dann noch einen. Und dann noch einen. Die großen, schweren Lokomotiven hatten nicht mehr genug Platz auf einem Gleis. Vielleicht wollte jeder der Erste sein. Vielleicht hatten sie ihren Weg nicht gut genug besprochen. Aber sicher war, die Unfälle waren schlimm. Vielleicht gab es sogar manchmal kaputte Teile nach dem Unfall. Die mussten dann wieder repariert werden.

Besonders schlimm war es für das Lokomotivenkind. Denn es musste zusehen und zuhören und konnte gar nichts tun. Vielleicht war es sogar einmal bei einem Unfall dazwischen und wurde auch herumgestoßen. Das war schlimm. Das kann leider kleinen Kindern passieren.

Immer, wenn das Lokomotivenkind an die Unfälle dachte, dann fingen seine kleinen Räder an, ganz schnell zu laufen. *Zeig einmal, wie du dir das vorstellst …* Weil die kleine Lokomotive nicht wusste, ob sie zur Lokmutter oder zum Lokvater laufen sollte, bremste sie gleichzeitig und blieb stehen. Laufende Räder und Vollgas – und gleichzeitig Bremsen und Stillstehen! Das war manchmal richtig schlimm für das kleine Lokkind, das tat innen und außen richtig arg weh. (Beschrieben wird ein Unruhezustand, bei dem sich das Kind selbst aufkratzt. An dieser Stelle sollten die tatsächlichen Symptome „übersetzt" werden.) Kleine Lokkinder denken da manchmal „Ich bin schuld" oder „Ich bin schwach". Das also passierte im Lokomotivenland. So etwas kann leider, leider auch kleinen Lokkindern passieren.

Doch dann wurde alles langsam besser. Die zwei großen Loks machten nämlich etwas Kluges: Jede suchte sich ein eigenes Gleis. Jede konnte nun fahren, wie er oder sie wollte. Das war fein, denn je mehr Abstand zwischen den Mama-Schienen und den Papa-Schienen war, desto weniger Unfälle konnte es geben. Irgendwann würde es deshalb sicher gar keine Unfälle mehr geben.

Das kleine Kind war nun schon ein mittelgroßes Lokomotivenkind geworden. Es fuhr die meiste Zeit mit seiner Lokmama mit auf den Mama-Schienen. Manchmal fuhr es mit seinem Lokpapa auf den Papa-Schienen mit. Die Erwachsenen passten so gut wie möglich auf, damit alle sicher und zufrieden waren.

So wurde es wieder ganz gut im Lokomotivenland. Die Loks fuhren und standen, arbeiteten und hatten Spaß, dampften und schliefen, waren leise und ratterten lustig laut. Das mittelgroße Lokkind konnte wieder denken: „Es ist gut, ich bin gut so" und es pfiff und dampfte vor Begeisterung. Das Kind wurde von Tag zu Tag größer und stärker. Und irgendwann fand es eigene Schienen, ganz für sich allein oder zum Teilen mit anderen, wie es selber wollte. Doch das, ja das ist eine andere Geschichte.

Trauma- und Problemlösungsgeschichte: Nach Trennung Beschimpfungen des anderen Elternteils

(Schulalter)

Es war einmal und es war einmal nicht in einer Zeit, die vielleicht vergangen ist oder vielleicht in der Zukunft liegen wird, ein Entenmädchen, das hieß Quaksine. Quaksine lebte mit vielen anderen Enten in einem wunderschön schlammigen Teich. Dieser Teich hieß Grünschlammteich. Quaksine hatte an den meisten Tagen ganz viel Spaß. Manchmal spielte sie mit anderen Entenkindern, manchmal spielte sie mit Entenerwachsenen. Es gab nicht weit entfernt einen anderen Teich. Der hieß Grüngatschteich, wo's wundervoll schön gatschig war, mit anderen Pflanzen und mit anderen Fischen und mit anderen Enten. Von Zeit zu Zeit kam eine Ente vorbei um sie mit zu diesem anderen Teich zum Spielen zu holen. Quaksine mochte das gerne, denn sie war ein neugieriges Entenmädchen und wollte gerne neue Pflanzen und neue Fische und neue Enten kennen lernen. Sie blieb dann eine Weile im anderen Teich und hatte Spaß. Sie wusste, dass sich manche Enten vom Grünschlammteich und manche Enten vom Grüngatschteich nicht vertragen konnten. Doch genau deshalb wohnten diese Enten ja in verschiedenen Teichen, damit Friede bleiben konnte.

Doch eines Tages passierte etwas Merkwürdiges. Sie und die Gatschteich-Ente watschelten gerade zum Grüngatschteich, als sich die Ente plötzlich ohne besonderen Grund besonders aufregen musste. Zuerst schimpfte sie über das Wetter und dann über den Weg und schließlich über den Grünschlammteich. Ganz besonders schimpfte sie über eine Ente im Grünschlammteich. Sie meinte plötzlich, dass diese Ente gemein wäre, ihr alles weggenommen hätte und böse wäre.

Quaksine war sehr verwirrt, denn die Enten im Grünschlammteich waren immer gut gewesen. Sie war ganz ruhig und quakte nur ganz leise vor sich hin. Schließlich war die Gatschteich-Ente wieder ruhig und war wieder gut. Doch beim nächsten Ausflug passierte dasselbe. Wieder schimpfte sie sehr über die anderen Enten und fragte: „Geben sie dir überhaupt was zu essen? Wieso haben sie das oder jenes nicht gemacht, ich glaube, die mögen dich dort gar nicht wirklich?" Als sie einmal davon im Schlammteich erzählte, begannen auch die Enten dort über die Gatschteich-Ente zu schimpfen und schnatterten lauter Geschichten von früher durcheinander.

Zu Quaksine kamen viele schwere Gedanken: „Vielleicht bin ich schuld? Vielleicht habe ich etwas falsch gemacht? Vielleicht schwindeln die anderen Enten wirklich und haben heimlich eine böse Seite? Vielleicht schwindelt die Gatschteich-Ente und hat heimlich eine böse Seite? Am besten, ich mache daraus ein Geheimnis." Ganz verwirrt war Quaksine und ganz unglücklich. Das kann kleinen Entenkindern leider passieren, dass sie so durcheinander gebracht werden.

Irgendwann beschloss Quaksine jedoch sich mit einer anderen erwachsenen Ente zu besprechen. Denn so ein Geheimnis, das kann und soll kein Entenkind alleine tragen. Nach vielen QuakQuakGesprächen und vielen QuakQuakGedanken, da merkte Quaksine plötzlich die Wahrheit: „Ich bin nicht schuld, ich bin in Ordnung! Wenn erwachsene Enten Streit haben, dann sieht man plötzlich ihre unguten Seiten." Jede Ente hat eine ungute Seite, das wusste Quaksine von sich selber. Denn niemand war immer nur lieb und nett. Das ist auch ganz in Ordnung, manchmal muss man richtig böse werden, damit man sich gut schützen kann. Wenn also erwachsene Enten Streit haben, sieht man ihre unguten Seiten. Manche sind trotzdem lieb zu Enten, die mit dem Streit überhaupt nichts zu tun haben. Und manche können das nicht: Die sind dann mit der ganzen Welt böse, auch später noch, und können nicht so schnell umschalten auf die normale gute Seite.

Die Gatschteich-Ente konnte nicht gut umschalten. Da kam diese ungute Seite immer durch, wenn sie sich an die alten Streitgeschichten erinnerte. Damit hatte Quaksine überhaupt nichts zu tun. Sie konnte nichts dafür und nichts dagegen machen.

Als Quaksine das einmal verstanden hatte, wusste sie das für immer. Sie erkannte: Wenn die Ente meint, die andern sind böse, dann meint sie in Wahrheit, sie ist böse auf die anderen. In der Aufregung geraten Dinge manchmal so durcheinander. Es ist gut, sich selber davon nicht durcheinander bringen zu lassen. Es geht vorbei und dann ist es wieder gut.

Quaksine ging noch oft vom Grünschlammteich zum Grüngatschteich und wieder zurück und sie konnte ganz ruhig und sicher bleiben und warten, bis die schlechte Laune der Ente vorbeigefahren war wie ein lauter Zug, wo man sich die Ohren zuhalten kann und nur kurz warten muss, dann ist er vorbeigedonnert.

Sie wusste, eines Tages würde sie davonfliegen und einen anderen Teich ganz allein für sich finden. Sie würde den Grüngatschteich und den Grünschlammteich aber immer im Gedächtnis behalten und oft besuchen kommen.

So lebte sie noch lange glücklich und zufrieden in den zwei Teichen und erlebte noch viele tolle Abenteuer in dieser Zeit, die vielleicht in der Vergangenheit oder in der Zukunft liegt.

Trauma- und Problemlösungsgeschichte: Verkehrsunfall mit Verletzung (Beinbruch, eingeklemmt sein) und Autoangst

(Schulalter)

Es gab einmal einen Berg, der war ganz hoch, so unendlich hoch. Von noch weiter oben betrachtet sind die höchsten Berge natürlich trotzdem irgendwie niedrig, doch in Wirklichkeit war er trotzdem der höchste und schönste Berg weit und breit.

Also dort hoch oben, dort wo der Berg bis in den Himmel hinein reicht, dort hoch oben wohnen die Gämsen. Gämsen leben in Familien wie wir, aber sonst sind es natürlich ganz andere Geschöpfe: Sie haben niemals Angst vor der Höhe oder vor der Tiefe, sie können meterweit springen und sicher landen, sie brauchen nur Gras zu fressen und schon bekommen sie genug Kraft, um pfeilschnell hin und her zu hüpfen. Dort lebte einmal ein Gämsenmädchen, das hieß … (Susi). Susi konnte gut springen und sicher klettern, ganz so wie die anderen Gämsen auch. So wie alle normalen jungen Tiere war sie besonders neugierig und lernte jeden Tag neue Dinge über den Berg und über den Wind, über die Steine und über das Gras, über sich selbst und über die anderen dazu.

An einem Tag im Frühling **(oder Jahreszeit des Unfalls)** jedoch passierte Susi etwas ziemlich Arges. Susi kletterte gerade ganz lustig auf einem Berghang herum, den sie schon sehr gut kannte, als plöööööötzlich etwas ganz ganz rasch passierte: Susi hörte ein besonderes Geräusch, vielleicht ein lautes Zischen oder Quietschen, sie schaute hinauf und da krachte auch schon ein riesiger Stein den Berghang hinunter. Einen Steinschlag nennt man so was in den Bergen: Da löst sich – vielleicht ohne besonderen Grund, vielleicht, weil jemand nicht gut aufgepasst hat – ein Stein und fliegt und kracht den Hang hinab.

Blitzschnell sahen die Augen von Susi, wie der Stein auf sie zugerast kam. Alle Muskeln spannten sich an. Als Susi gerade bereit war für den Sprung, traf sie aber schon der Stein. Das war so heftig, dass sie im ersten Moment den Schmerz gar nicht spürte und wie betäubt auf dem Felsboden lag. Als sie wieder zu sich kam, bemerkte sie, dass sie nicht aufstehen konnte, weil ihr Fuß unter dem Felsen lag. In diesem Augenblick überfiel sie eine furchtbare Angst und so dachte das kleine Gämsenmädchen: „Ich muss sterben." Leider, leider kann das kleinen Gämsenmädchen passieren.

Bald kamen andere Gämsen gesprungen und rollten den Stein weg und brachten Susi ins Gämsenkrankenhaus. Sie musste eine Zeit lang dort bleiben, denn ihr Fuß wurde mit Gras eingebunden, damit alles wieder gut werden konnte. Das Gämsenmädchen war sehr tapfer, denn es hätte so gerne mit den andern Kindern gespielt, aber es blieb richtig gut liegen und wartete, bis alles wieder gut geworden war. Ihre Fröhlichkeit und ihr Mut halfen ihr dabei, sogar diese schwierige Zeit gut hinter sich zu bringen.

Schließlich wurde alles gut und Susi konnte wieder herumhüpfen: Am Anfang natürlich ganz vorsichtig und langsam, doch von Tag zu Tag wurde Susi wieder so stark und konnte gut und sicher klettern und pfeilschnell hüpfen. Am Anfang war Susi naturlich mit Steinen ganz vorsichtig. Manches Geräusch schreckte sie, erinnerte sie an den Steinschlag. Das ist normal, denn jede kluge Gämse mag natürlich etwas lernen, wenn etwas Schlimmes passiert. Susi lernte aus dem Unfall viele Sachen: Sie lernte, dass manche Steine gefährlich sind, wenn sie sehr schnell angerollt kommen und ihren Weg verlassen. Sie lernte, dass man manchmal schnell wegspringen muss. Sie lernte aber auch, dass die meisten Steine sicher liegen oder rollen und dass man da sicher zwischendurch- oder vorbeihüpfen kann. Und am allerwichtigsten: Sie lernte, die Steine gut zu beobachten, um immer in Sicherheit zu sein.

Jeden Tag konnte Susi mehr und mehr denken und sehen und spüren: „Ich bin lebendig! Ich kann etwas tun! Ich kenne mich gut aus auf dem Berg."

Für Susi und die anderen Gämsen wurde das Leben auf dem Berg mit jedem Tag noch besser: Sie sprangen himmelhoch und meterweit, pfeilschnell um die Wette mit dem Wind. Stark und mutig blickte Susi vom himmelhohen Berg hinab und war stolz und glücklich, sich so lebendig und gut zu fühlen. So lebten die Gämsen weiter hoch oben auf dem Berg, der bis in den Himmel reicht.

Trauma- und Problemlösungsgeschichte: Unfall auf dem Spielplatz, Vermeidungsverhalten (Kindergarten)

Es war einmal eine Bergziege. Sie hieß … (Billi). Sie wohnte auf einem schönen Berg mit ihrer Familie, mit vielen anderen Bergziegen. Da war es gut und sicher, denn Ziegen sind hervorragende Kletterkünstler. Am liebsten erkletterte Billi die ganz hohen Steine. Die bewegten sich manchmal, wenn man darauf stand. Sie rollten so ein bisschen hin und her. Das war schwierig, aber es war auch sehr lustig für Billi.

Aber eines Tages passierte etwas Schlimmes: Billi war wieder auf einem hohen Stein. Da plötzlich rollte dieser hohe Stein richtig weg. Ganz schnell. Sie konnte nicht mehr hinunterspringen. Es gab einen großen Krach. Einen starken Bums. Billi hatte einen großen Schreck und wurde im Kopf ganz durcheinander gewirbelt. Sicher schrie sie dabei so laut sie konnte. Bei Bergziegen hört sich das fast an wie bei Menschen. Es war schlimm. Billi dachte vielleicht: „Jetzt passiert was Schlimmes." Billi dachte vielleicht: „Ich muss jetzt sterben."

Das kann leider Ziegenkindern passieren, dass sie einen Unfall haben. Leider kann das passieren, sogar auf einem hohen, schönen Berg. Der Unfall war ganz schnell wieder vorbei. Der Stein hörte auf zu rollen. Es war ganz ruhig. Billi stand auf und war nicht verletzt.

Billi sah, dass alles wieder gut war. Sie konnte denken: „Es ist gut ausgegangen. Ich habe das gut überlebt." Stell dir vor, Billi lernte sogar noch etwas Wichtiges daraus: Sie lernte, dass man mit hohen, rollenden Steinen vorsichtig sein muss. Am Anfang war sie natürlich noch sehr, sehr vorsichtig und hatte Angst. Später erkannte sie ganz von selber, welche Steine gefährlich werden konnten und welche lustig und sicher waren. So konnte sie Stück für Stück, jeden Tag ein bisschen mehr, wieder ganz sicher werden. Sie mochte bald wieder hüpfen und auf den Steinen herumspringen. Das war gut, das war lustig, besonders, wenn sich die Steine ein bisschen bewegten.

Es wurde alles wieder gut und Billi lebte weiter mit ihrer Bergziegenfamilie glücklich und zufrieden auf dem hohen Berg.

Trauma- und Problemlösungsgeschichte: Umgang mit Streitklima, selbstzerstörerisches Verhalten (Pubertät)

Es war einmal ein kleines Prinzessinnenbaby, das wuchs – so wie alle Babys es tun – im Bauch von seiner Mama, der Königin. Es war ein gutes und liebes Prinzessinnenbaby. Während das Baby im Bauch größer und größer wurde, passierten aber draußen schlimme Sachen. Das kann auch bei Königsfamilien leider passieren. Da ging es auch dem kleinen Mädchen manchmal schlecht und es musste alle Kraft zusammennehmen, damit es gut weiter wachsen konnte. Diese Prinzessin hatte genug Kraft und war deshalb schon von Geburt an besonders stark und tapfer.

Das Prinzesschen wurde dann hineingeboren in diese Königsfamilie mit lauter Erwachsenen, die miteinander und mit ihren Problemen kämpften und deshalb gegen sich und gegen einander Krieg führten. Die kleine Prinzessin musste daher ganz viel Streit und böse Worte zwischen den Erwachsenen und auch gegen sich hören. Schließlich bekam das Mädchen das Gefühl und den Gedanken: „Ich bin besonders unfähig und böse." Das kann manchmal kleinen Kindern passieren, dass sie das von sich denken müssen, wenn sie in so einer Familie aufwachsen. Denn so ein Gedanke hilft merkwürdigerweise über die ganz schlimme Zeit hinweg. Es hilft, wenn kein anderer Mensch und wenn brav und lieb sein und alles andere ganz und gar nicht helfen kann. So konnte sich die mutige und starke Prinzessin also selber ein wenig helfen und stark bleiben. Trotzdem war es eine schlimme Zeit für die Prinzessin. Es konnte dann sogar sein, dass sich die Prinzessin manchmal selber wehtun wollte, weil der Schmerz in ihrem Inneren zu groß war. Es konnte sogar sein, dass sie wie Dornröschen 100 Jahre schlafen wollte. Ja, das alles kann leider kleinen oder großen Kindern in so einem Kriegsgebiet passieren.

Die Prinzessin wurde größer und größer. Schließlich wurde sie zu einer jungen, schönen Frau. Sie zog weg aus dem Kriegsgebiet ihrer Eltern. Sie kämpfte Tag für Tag mit großem Mut und unglaublicher Kraft und Duldsamkeit dafür, die alten Gedanken, Worte und Bilder, die in ihrem Denken und Fühlen aus der Kindheit noch geblieben waren, loszulassen und loszuwerden. Denn in dieser schweren Kindheit waren auch diese unendlich große Tapferkeit, Stärke und Duldsamkeit in ihr gewachsen.

Deshalb gelang es ihr schließlich auch, Schritt für Schritt. Sie gewann eine Freundin, die zu ihr hielt und sie mochten einander. Die Beziehung zur Königin-Mutter wurde so, dass es gut war. Schließlich lernte die kleine Prinzessin von damals sich selber immer besser lieb haben und erkannte: „Ich bin in Ordnung, so wie ich bin. Ich war und bin nicht schuld an den Problemen des alten Königreichs; ich darf auch Fehler machen, niemand muss perfekt sein; ich habe gute Fähigkeiten und ich habe ein gutes Herz."

Die Prinzessin wurde später einmal die Königin ihres eigenen Reiches. Sie arbeitete und regierte gut und weise und gewann immer mehr die Achtung ihrer Mitbewohner. Noch eine Weile später fand sie vielleicht einen Lebensmenschen, dem sie viel gute Aufmerksamkeit und Liebe gab und von dem sie viel gute Aufmerksamkeit und Liebe bekam. Von Tag zu Tag konnte sie mehr und mehr an das tiefe Wissen in ihrem Kopf und ihrem Herzen glauben und ein bisschen mehr und ein bisschen sicherer sagen: „Jetzt bin ich frei, mein Leben zu genießen. Heute lebe ich mein neues, gutes Leben."

Traumageschichte: Umgang mit lebensverändernder Krankheit eines Bruders
(Schulalter)

Es war einmal ein kleines braunes Hundekind. *Welcher Name würde denn zu so einem Hundekind passen?* (Xuppi).

Also, der kleine braune Xuppi, der lebte lange Zeit glücklich und zufrieden mit Hundemama und Hundepapa und Hundebruder zusammen in einem schönen, aufregenden Land. Das war das Hundewunderland. Es war ein weites Land, voll mit anderen Hunden und anderen Tieren und Pflanzen. Manchmal war es sehr aufregend, manchmal sogar ein bisschen gefährlich, doch die Hunde waren stark und schlau und jedes Abenteuer hatte ein gutes Ende. Im Hundewunderland roch es besonders gut, denn du weißt, Hunde haben eine feine Nase und da ist der Geruch ganz wichtig. Das Gras kitzelte Xuppi manchmal in der Nase. Meistens war es ruhig und still, manchmal war es so lustig und laut, dass man sein eigenes Wort nicht mehr hören konnte. Doch das macht den Hunden nichts aus, denn sie haben ihre ganz besondere Hundesprache, die geht auch beim größten Lärm oder tiefster Stille, denn sie geht ganz ohne Worte und Bellen.

Eines Tages begann etwas Schlimmes: Es kam eine schwere Krankheit zu Xuppis Hundegeschwisterchen. Die Krankheit konnte zu diesem jungen Hund kommen, weil er mit einer schwachen Stelle auf die Welt gekommen war und darauf konnte sich die schwere Krankheit setzen und das Hundekind niederdrücken und krank machen. Und es wurde wirklich sehr krank. So krank, dass es nicht mehr bellen und nicht mehr fressen konnte. So krank, dass es ganz anders aussah. So krank, dass er gar nicht mehr zuhause leben konnte, sondern in eine andere Gegend im Hundewunderland ziehen musste und niemand sicher sein konnte, ob die Krankheit das Hundekind nicht sogar in den Hundehimmel mitnehmen würde. Wirklich also sehr krank. Das kann leider passieren, dass zu einem Hundegeschwisterchen so eine schwere Krankheit kommt. Es war natürlich eine ganz schlimme Zeit für den kleinen braunen Xuppi und die Hundemama und den Hundepapa. Der Hundebruder selber war so krank, dass es diese schlimme Zeit gar nicht spüren konnte. In dieser Zeit kamen viele Gedanken und viele schrecklich traurige und wütende Gefühle zu Xuppi.

Das kann leider, leider passieren, sogar im Hundewunderland.

Doch die Hundefamilie war stark und schlau und sie konnte das alles aushalten. Die schwere Krankheit wurde jeden Tag ein bisschen leichter. So wurde es immer jeden Tag ein kleines bisschen besser, denn die Krankheit konnte jeden Tag ein kleines bisschen mehr verjagt werden. Das Hundebrüderchen war nicht mehr so niedergedrückt. Sein Leben wurde jeden Tag leichter. Es konnte wieder jeden Tag ein bisschen mehr selber fressen und sogar ein bisschen bellen. Und vor allem konnte es wieder die besondere Hundesprache, die man ganz ohne Worte und Bellen verstehen kann.

Irgendwann früher oder später war die Krankheit weggeblasen und ganz und gar verjagt. Doch sie hatte den Bruder von Xuppi verändert. Das passiert manchmal bei so schweren Krankheiten, dass sie das Leben verändern.

Das Hundegeschwisterchen selber war also anders als vorher. Es konnte nicht mehr so gut sehen und nicht mehr so gut laufen wie früher. Es konnte viele Sachen nicht mehr machen, es konnte nicht mehr so gut mit Xuppi spielen, und die Eltern von Xuppi mussten dem Bruder bei vielen Dingen viel mehr helfen als früher. Aber es konnte auch viel besser lachen und lustig sein als früher.

Das Hundekind Xuppi, das jetzt schon ein mittelgroßes braunes Hundekind geworden war, hatte natürlich jetzt auch ein Leben, das anders war als vorher. Bei manchen Sachen war das traurig für den mittelgroßen braunen Xuppi. Da war er natürlich manchmal auch böse und wütend auf die Krankheit, auf seinen Bruder, auf seine Eltern oder auf die Welt. Das ist ganz in Ordnung, dass man da traurig und wütend ist. Denn es ist ja auch schlimm, dass so etwas kleinen Hundegeschwistern passieren kann. Irgendwann wurde das Traurigsein und Wütendsein ganz von selber weniger und konnte dann ganz von selber verschwinden.

Das Leben vom mittelgroßen braunen Xuppi war also anders, manchmal schlecht anders, manchmal auch gut anders: Bei vielen Sachen blieb das Leben gut und lustig. Xuppi hatte viel gelernt und wusste vieles besser als früher. Er selber war natürlich auch ein bisschen anders geworden: größer und klüger und stärker. Und seine Nase war noch feiner geworden.

So lebte der mittelgroße braune Xuppi irgendwann wieder glücklich und zufrieden mit Hundemama und Hundepapa und Hundebruder zusammen in seinem schönen, aufregenden Hundewunderland. Er erforschte das weite Land mit den anderen Hunden und anderen Tieren und Pflanzen. Es roch dort ganz gut, denn Hunde haben eine feine Nase und da ist das ganz wichtig. Das Gras kitzelte Xuppi manchmal in der Nase und an den Fußsohlen. Meistens war es ruhig und still, manchmal war es so lustig und laut, dass man sein eigenes Wort nicht mehr hören konnte. Doch das macht den Hunden nichts aus, denn sie haben ihre ganz besondere Hundesprache, die geht auch beim größten Lärm und tiefster Stille, denn sie geht ganz ohne Worte und Bellen.

Trauma- und Problemlösungsgeschichte: Verunsicherung und Angst nach Grenzverletzungen (Schulalter)

Es war einmal und es war einmal nicht zu Zeiten, die 36 Jahrzehnte von deiner Geburt an zurückliegen und daher jetzt schon 368 Jahre vorbei sind, oder auch nicht, eine kleiner Robbenbub. Er lebte glücklich und zufrieden mit seinen Eltern und seinem Robbenbruder im glasklarkalten Eismeer. Der kleine Robbenbub, sein Name war Robbi, war noch ziemlich jung, aber schon sehr geschickt, freundlich und klug. Und er hatte etwas Besonderes: Er sah unheimlich lieb aus, mit seinen großen, dunklen Augen und seinen weichen, weißen Pelz. Nun, es sehen alle jungen Robben lieb aus, aber Robbi war ganz besonders schön anzuschauen. Natürlich wusste das Robbi selber nicht, denn so junge Robben kennen noch nicht ihr Spiegelbild im Wasser. Robbi hatte noch nicht einmal wirklich gemerkt, dass alle Leute besonders freundlich zu ihm waren und ihn gerne sahen, wenn er dahergerobbt kam.

Eines Tages robbte die Familie bei einem Spaziergang am Strand entlang. Vorne waren die Elternrobben und dann war der Bruder und ein bisschen weiter hinten war Robbi. Auf dem Strand lagen noch andere erwachsene Robben herum und ließen sich die Sonne auf die Bäuche scheinen. An so einer Robbe robbte nun der kleine Robbi zufällig vorbei. Doch plööööötzliiiich richtete sich diese Robbe auf, legte ihre schweren, stinkigen Vorderflossen auf Robbi und gab ihm einen ekeligen Schmatz. Dabei sagte sie: „Na, du bist so lieb, ich muss dich einfach einmal drücken." Dann ließ sie ihn wieder los.

Für Robbi war das ganz fürchterlich schlimm. Er hatte so einen Schreck, dass er nicht einmal rufen oder weglaufen konnte. Er dachte nur: „Ich bin hilflos, ich kann nichts tun." Wie erstarrt war er für ein paar Sekunden. Erst dann konnte er zu seinen Eltern robben. Das kann leider kleinen lieben Tierkindern passieren, dass jemand sie ohne Erlaubnis angreift. Das ist überhaupt nicht in Ordnung, doch es kann leider passieren.

Robbi robbte also ganz schnell zu seinen Eltern, die gar nicht gesehen hatten, was passiert war. Er konnte am Anfang gar nichts erzählen, sondern zitterte und schluchzte. Es war eine wirklich schlimme Sache. Die Eltern waren ganz lieb und halfen dem kleinen Robbi, sodass er sehen konnte, es ist vorbei. Für Robbi war es trotzdem eine schlimme Sache, denn es passierte ihm irgendwann noch einmal und noch einmal. Schon dachte er, dass er besonders bei Robben, die ihn lieb und freundlich anschauten, aufpassen musste. „Die sind gefährlich", glaubte er, und irgendwie war das auch richtig. Klein Robbi bekam richtig Angst vor anderen Robben und wollte sie gar nicht mehr anschauen. Immer kam das alte Gefühl der Hilflosigkeit und Angst und schließlich wollte sich Robbi nur noch verstecken und bei seiner Familie bleiben. Leider kann das passieren, dass man aus solchen Sachen etwas lernt, das zwar richtig ist, aber nicht gut.

Doch mit der Zeit wurde Robbi immer größer und stärker. Er lernte viele Sachen: rutschen und springen, tauchen und schwimmen. Weil er in seinem Herzen auch ein mutiger Robbenjunge war, lernte er auch, wie er sich die überfreundlichen Robben vom Leib halten konnte: Er schaute ihnen ganz fest in die Augen. Dabei konnte er nämlich gut sehen, was sie vorhatten. Wenn sie zu nahe kamen, machte er zuerst ein böses Gesicht. Wenn das nichts half, dann quietschte er in der Robbensprache: „Ich will das jetzt nicht" und wenn das auch nichts half, dann sagte er es laut und unfreundlich.

Wenn ihn trotz allem jemand angreifen wollte, schrie er einfach richtig mit aller Kraft. Dann waren alle erschreckt. Das war sogar ziemlich lustig für Robbi. Weil die lästigen Robben, die das taten, ja eigentlich nicht böse, sondern lieb sein wollten, deshalb lernten sie schnell, dass niemand den mittelgroßen Robbi ohne Erlaubnis angreifen durfte. Robbi konnte sehen: „Ich kann was tun! Ich kann mitbestimmen, was passiert."

So war das und das war gut. Die Robben lebten glücklich und zufrieden im glasklarkalten Eismeer und hatten noch viele schöne und abenteuerliche Tage vor sich – doch von denen erzähle ich dir ein anderes Mal.

Traumageschichte: Tod des neugeborenen Bruders
(Kindergartenalter)

Es war einmal auf einer wunderschönen Insel mitten im blauen, warmen Meer ein Papageienkind. Es war wie alle Papageienkinder lieb und schön, mit roten und blauen und gelben Federn, die schimmerten, wie wenn sie reines Gold wären. Dieses Papageienkind hieß Ara und hatte eine Papageienmama und einen Papageienpapa. Sie lebten mit anderen Papageien auf dieser grünen, wundervollen Insel mitten im blauen Meer.

Wie das in Papageienfamilien so ist, wollte zu dieser Papageienfamilie noch ein zweites Papageienkind dazukommen. Die Papageienmama legte ein Ei und die Eltern brütete es aus. Daraus schlüpfte ein ganz, ganz winzigkleines Papageienbrüderchen. Sein Name war Bero. Bero war aber viel zu früh aus dem Ei geschlüpft. Das kann leider, leider bei Papageienkindern passieren, dass sie zu früh aus dem Ei schlüpfen. Niemand weiß, warum das manchmal passiert. Trotz aller Liebe und trotz aller Mühe konnte dieses winzige Papageienkindlein namens Bero nicht bei der Papageienfamilie bleiben. Es verabschiedete sich auf seine besondere Weise und musste in den Himmel hinauffliegen. Natürlich waren alle Papageien auf der Insel sehr traurig. Besonders traurig waren die Eltern und das Papageienkind Ara, das sich so über den Papageienbruder gefreut hatte. Vielleicht war der eine oder andere Papagei sogar böse auf das winzigkleine Papageienkindlein Bera, weil es so früh wieder weggeflogen war. Das passiert manchmal, dass man so Gefühle hat, traurig und böse gemischt. Das ist ganz in Ordnung, wenn so ein Gefühl da ist, und es ist ganz in Ordnung, wenn es von Tag zu Tag ein bisschen weniger wird und schließlich nur mehr selten kommt. Genau so war es bei dieser Papageienfamilie. Es wurde wieder so, dass es gut war.

Noch immer wollte zu dieser lieben Papageienfamilie ein Papageienkind dazukommen. Die Papageienmama legte ein Ei und die Eltern brüteten es aus. Daraus schlüpfte ein kleines Papageienkindlein namens Zera. Alle freuten sich und waren gleichzeitig ein bisschen traurig, weil sie an das Papageienkindlein Bero dachten, das in den Himmel hinaufgeflogen war. Vielleicht hatten sie auch ein bisschen Angst, dass auch Zera wieder zu früh wegfliegen würde. Doch Zera war genau zur richtigen Zeit aus dem Ei geschlüpft und wurde jeden Tag ein kleines bisschen größer. Und Ara war natürlich viel größer und stärker als Zera und konnte bald mit Zera spielen, sie beschützen und Spaß haben, und manchmal auch streiten und Ärger haben. Das ist ganz in Ordnung, wenn man darauf achtet, sich nicht weh zu tun, das gehört dazu, so wie der Regen zum Sonnenschein.

Ara und Zera wurden beide jeden Tag ein bisschen größer und stärker, doch natürlich blieb Ara immer der ältere Bruder. So lebte die Papageienfamilie glücklich und zufrieden. Sie suchten sich das beste Nest aus, das sie auf der Insel finden konnten. Sie erlebten gemeinsam und jeder für sich noch viele große und kleine Abenteuer und hatten eine Menge Freude auf der wunderschönen Insel mitten im blauen, warmen Meer.

Traumageschichte: Belastender Umzug aus beruflichen Gründen (ähnliche Sprache), Verlust aller Freunde, dann wieder Rückkehr
(Schulalter)

Es war einmal im tiefen und wundersamen Urwald Afrikas ein lieber und mutiger kleiner Löwenbub. Er hieß Gogo und lebte mit seiner Löwenmama und seinem Löwenpapa und seinen Löwengeschwistern im Urwald. Im Urwald roch es wundervoll interessant und aufregend und es wuchsen hohe Urwaldriesenbäume zum Schutz und als Versteck. Immer waren das Rauschen des Windes und die Vögel zu hören. Da waren auch ganz viele andere nette Tiere, manche waren auch gefährlich, aber der kleine Gogo war schon immer in diesem Urwald und kannte alles ganz gut und fühlte sich daher ganz, ganz sicher. Gogo wusste genau, wo es gefährlich war und was er dann tun musste, wer ihn beschützen konnte, wo er nicht hingehen durfte und wo es gut war, ganz neugierig zu sein und Abenteuerentdeckungsreisen zu unternehmen.

Dann aber kam leider, leider eine Hungersnot in diesen Teil vom Urwald. Die erwachsenen Löwen hatten es schon länger gemerkt. Aber weil jeder die Hoffnung hatte, dass es bald wieder mehr Futter geben würde, hatte man den Kindern noch nichts davon gesagt. Aber dann ging es nicht mehr anders. Für den kleinen Gogo kam es schrecklich plötzlich, wie ein Blitz aus einem Sonnenhimmel, dass seine Mama und sein Papa zu ihm sagten: „Wir müssen in einen anderen Teil vom Urwald ziehen, denn hier gibt es zu wenig Fressen für uns." So zog die Familie weg vom Urwald in ein ganz anderes Land und Gogo musste alles Bekannte zurücklassen. Der kleine Gogo war traurig und wütend gleichzeitig: alle Freunde verloren, alle Lieblingsspielplätze weg, die alte kuschelige Höhle nicht mehr da. Gogo musste da vielleicht viele Gedanken denken: „Die Eltern sind so gemein, sie sind böse," aber auch: „Wir müssen ja weg wegen dem Fressen, also bin ich gemein, wenn ich so etwas denke, ich bin vielleicht böse, vielleicht bin ich sogar schuld, weil ich mich immer satt gefressen habe." Es war innerlich eine wirklich schlimme Zeit für Gogo, so viele schwere Gedanken und Gefühle, so viele Veränderungen. Der kleine Gogo dachte sich: „Ich glaube, Veränderung ist immer schlecht, ich hasse Veränderung." Das war auch ganz in Ordnung, solche Gedanken zu haben, denn es war wirklich eine schwierige Sache für Gogo.

Im neuen Land war ja auch wirklich vieles ganz anders. Manches war viel schlechter als im alten Urwald. Manches war besser als im alten Urwald: mehr Fressen, die Familie war mehr zusammen. Das meiste war ganz einfach anders: andere Löwen, andere Tiere, andere Spielplätze. Sogar eine etwas andere Löwensprache wurde dort gesprochen. Eines Tages war es schließlich so weit, dass Gogo das neue Land gut kannte und wieder neue Freunde gefunden hatte.

Aus dem kleinen Löwenkind Gogo war inzwischen ein mittelgroßes Löwenkind Gogo geworden. Irgendwann war dann die Hungersnot im Urwald vorbei und die

Löwenfamilie mit Gogo konnte in ihr altes schönes Land zurückkehren. Es war wieder eine große Veränderung und dieses Mal wurde alles wieder gut: Im Urwald roch es noch besser als früher, und die hohen Urwaldriesenbäume waren noch höher geworden, und das Rauschen des Windes und die Vögel hörten sich an wie früher. Der mittelgroße Gogo konnte denken: „Ich bin gut, Mama und Papa sind gut." Der mittelgroße Gogo dachte weiter: „Veränderungen sind manchmal gut und manchmal schlecht und meistens gut und schlecht gemischt. Ich bin mutig genug für so eine aufregende Sache."

Gogo fand alte und neue Freunde, alte und neue Spielplätze, die manchmal auch aufregend oder gefährlich waren, aber Gogo kannte sich gut aus und war wieder ganz sicher. Gogo erlebte alte und neue Abenteuer und so lebt das mittelgroße Löwenkind vielleicht heute noch glücklich und zufrieden im wundervollen Urwald Afrikas.

Traumageschichte: Adoption aus einer Gewaltfamilie
(Kindergartenalter)

Es war einmal ein kleines Katzenbaby, das wuchs – so wie alle Babys es tun – im Bauch von seiner Mama. Es war ein gutes und liebes Katzenbaby. Während das Baby im Bauch größer und größer wurde, passierten draußen schlimme Sachen. Das kann bei Katzenfamilien leider passieren. Da ging es auch dem kleinen Baby manchmal schlecht und es musste alle Kraft zusammennehmen, damit es gut weiter wachsen konnte. Ich weiß nicht, wie es dem Baby da zumute war. Vielleicht hatte es Angst oder es war sich nicht sicher: „Bin ich schwach? Bin ich nicht in Ordnung?"

Dieses gute und starke Baby hatte genug Kraft, es war schon vor der Geburt ganz besonders stark und mutig. Daher konnte es gut weiterwachsen.

Irgendwann dachte sich die Katzenmama, die dieses Baby im Bauch wachsen ließ: „Ich will eine andere Katzenmama und einen anderen Katzenpapa für dieses gute Baby suchen." Sie dachte sich: „Ich will, dass das Baby ein gutes Leben hat, wenn es aus meinem Bauch rauskommt. Ich selber kann es nicht gut genug beschützen."

So geschah es: Das Baby war ein wirklich starkes Katzenbaby und wurde gesund und gut geboren. Es bekam eine zweite Katzenfamilie und hatte mit der neuen Mama und dem neuen Papa eine tolle Zeit. Aus dem Baby wurde eine gute, kleine Katze mit schwarzen Haaren und sie war meistens lustig und lieb und manchmal auch ganz normal grantig und müde. Das ist ganz in Ordnung und ganz gut. So sind Katzen eben, genauso wie wir Menschen.

Die kleine schwarze Katze wurde von Tag zu Tag größer und stärker, ganz von selber, so wie das in der Natur eben ist.

Alle lebten glücklich und zufrieden sieben Katzenleben lang weiter und erlebten noch viele gemeinsame Abenteuer.

Trauma- und Problemlösungsgeschichte: Auswanderung (fremdsprachig) in Verbindung mit Streit/Trennung im Elternhaus; Sprachproblematik
(Schulalter)

Es war einmal ein ganz kleiner Fisch, der lebte lange Zeit glücklich und zufrieden gemeinsam mit Mamafisch und Papafisch und anderen Fischen in einem schönen, blauen Meer. Es war ein tiefes Meer, voll mit Fischen und mit Pflanzen. Manchmal war es ruhig und still, manchmal war es bewegt und laut. Das macht den Fischen nichts aus, denn sie haben ihre ganz besondere Fischsprache.

Eines Tages begann etwas Schlimmes: Der Mamafisch und der Papafisch begannen zu streiten. Niemand weiß wirklich, warum. Vielleicht war es schlechtes Wasser oder schlechtes Futter, vielleicht war es ein anderer Fisch, vielleicht hörten die zwei auch ganz einfach auf, sich lieb zu haben. Das kann in Fischfamilien leider passieren. Der ganz kleine Fisch dachte manchmal: „Wenn ich besonders lieb und brav und ruhig bin, kann ich auch die anderen Fische gut und brav und ruhig machen." Aber niemand kann das schaffen, einen anderen gut zu machen. Daran muss jeder bei sich selber arbeiten. Das konnte der kleine Fisch aber noch gar nicht wissen und so musste er denken: „Ich bin nicht gut genug, ich bin schuld." Das kann leider, leider kleinen Fischen passieren. Und sie werden dabei immer trauriger und stiller.

Bald hatte der ganz kleine Fisch gar keine guten Zeiten mehr, denn sein Mamafisch und sein Papafisch konnten vor lauter Streit nicht mehr gut für ihn sorgen. Mamafisch und Papafisch sahen das auch und waren traurig. Weil das mit dem Streiten nicht besser wurde, so beschlossen sie, dass der ganz kleine Fisch gemeinsam mit lieben Fischen aus der Familie in ein anderes Meer schwimmen sollte. In ein ganz gutes Meer, wo liebe Fische ganz gut für den kleinen Fisch sorgen konnten.

So kam der ganz kleine Fisch in dieses neue, gute Meer. Dort war vieles so wie früher, aber manches auch ganz anders. Am Anfang konnte der kleine Fisch natürlich nicht verstehen, was los war. Er war ja noch ganz klein. Und außerdem sprachen die Fische im neuen Meer eine andere Fischsprache. Der kleine Fisch wurde manchmal traurig, wenn er an die guten Seiten vom alten Meer und an die guten Seiten von den Fischen dort dachte. Dann wollte er nicht sprechen und nicht lachen. Dann vermisste er das alte Meer sehr.

Manchmal aber war er auch wirklich froh über das schöne, neue Meer mit dem wundervollen, neuen Spielzeug. Jetzt im neuen Meer war er in Sicherheit und es gab tolles, gutes Essen. Die Fische dort waren meistens freundlich, es gab viel Spiel und Spaß mit den anderen Fischkindern. So passierte es, dass es von Meerestag zu Meerestag immer ein kleines Stück besser wurde.

Aus dem kleinen Fisch wurde schließlich ein tüchtiger großer kleiner Fisch. Jeden Tag konnte er mehr und mehr denken: „Ich bin richtig gut." Und wenn jemand nach seinen Fischeltern fragte, sagte er fröhlich: „Früher habe ich in einem anderen Meer gewohnt. Jetzt wohne ich bei euch. Denn dieses Meer ist gut und sicher für mich."

Der große kleine Fisch konnte jeden Tag noch besser spielen und die Sprache dieses Meeres immer besser verstehen und immer besser sprechen. Manchmal war es ruhig und still, manchmal war es bewegt und laut. Das macht den Fischen nichts aus, denn sie haben ihre ganz besondere Fischsprache. So wurde der große kleine Fisch immer größer und stärker und erlebte noch viele, schöne Abenteuer.

Trauma- und Problemlösungsgeschichte: Anna bekommt in einer anderen Umgebung nicht das, was sie braucht

(Schulalter)

(Das Essen kann zum Beispiel auch Essen für die Seele, Anerkennung, sein.)

Es war einmal vor einer Million Jahren, also vor wirklich langer Zeit, vielleicht auch einige hundert Jahre früher oder später, also damals war einmal eine Zeit, da gab es keine Menschen. Da gab es nicht einmal Säugetiere. Die wichtigsten Tiere waren Dinosaurier. Es gab große und kleine, dicke und dünne, schöne und grausliche Dinos. Es gab Fleischfresser und Pflanzenfresser, es gab welche, die flogen hoch im Himmel und andere, die schwammen im tiefsten Meer, und es gab solche, die waren beliebt und andere, die mochte man eher nicht zum Freund haben. Also, irgendwie war es wie bei uns Menschen, aber in Wahrheit war es natürlich ganz anders. In dieser Zeit spielte – natürlich nur in unserer Phantasie – die folgende Geschichte: Es gab einmal einen Dinobub. Sein Name war Anko. Er lebte mit vielen Dinos unterschiedlicher Rassen in diesem Land. Er hatte ein ziemlich zufriedenes Leben mit vielen unterschiedlichen Freunden. Er war ein wunderbar geschützter Pflanzenfresser: mit Panzerplatten am Rücken und Stacheln am Schwanz, mit Krallen an den Beinen und Panzerung am Kopf.

Natürlich hatte Anko das alles von seinen Eltern geerbt, den ganzen Schutz. Anko hatte besondere Eltern, besonders lieb und stark und groß. Das aller-besonderste an ihnen war, dass sie sehr unterschiedlich waren. Der Vater war ein Pflanzenfresser und die Mutter war eine Fleischfresserin. Das ist sogar im Phantasieland ungewöhnlich, dass zwei so unterschiedliche Dinos ein Kind kriegen, aber bei diesen Dinos war es passiert, weil sie sich gerade wegen der Unterschiede ineinander verliebt hatten. Die beiden Dinos konnten sich nur dann bald nicht mehr aushalten und waren daher in verschiedene Länder gegangen, dort, wo jeder von ihnen die richtige und für ihn passende Nahrung hatte.

Anko hatte bereits früh gemerkt, dass zu ihm besser das Pflanzenfressen passte und es war gut so. Nur manchmal, wenn er bei der Mutter im Fleischfresserland zu Besuch war, wurde das ein bisschen schwierig, weil zu wenig Essen für Anko dort war. Wenn er dann so hungrig neben seiner Mutter ging, da bekam Anko von Zeit zu Zeit ein richtig schlechtes Gefühl. Ich weiß nicht, ob er da mehr traurig oder mehr wütend war. Er dachte vielleicht: „Ich bin für Mama nicht wichtig. Sie hat nicht genug Essen für mich. Aber vielleicht ist sie nur so im Stress, vielleicht kann sie als Fleischfresserin einfach nicht verstehen, was ich brauche. Oder hat sie mich nicht lieb genug?" Anko mochte solche traurigen Gedanken nicht haben und wurde böse auf sich selber: „Ich bin nicht liebenswert!", dachte er dann über sich. Das kann leider einem Dinokind passieren, leider, leider.

Aber auch etwas Gutes kann Dinokindern passieren. Dinokinder werden ziemlich schnell jeden Tag größer und stärker, ganz von selbst. Mit jedem Tag wird auch ihr Rücken größer und breiter. Als Anko das bemerkte, da plööööööötzlich hatte er eine gute Idee: Immer, wenn er in das Mamadinoland ging, dann nahm er selber einen großen Haufen seiner Lieblingspflanzen auf seinem breiten und starken Rücken mit! Dann wurde er nicht mehr hungrig, dann hatte er kein schlechtes Gefühl mehr. Mamadino war natürlich am Anfang erstaunt, vielleicht sogar traurig, weil sie sah, dass sie früher nicht gut gesorgt hatte. Doch dann war sie bald wieder froh, weil sie einfach wirklich nicht gut für genug Fressen sorgen konnte, so unterschiedlich, wie sie war. Dann wurde sie sehr stolz auf ihr starkes und kluges Dinokind. Anko konnte nun von Tag zu Tag mehr denken: „Ich bin wichtig. Ich bin für meine Freunde wichtig und für Mama wichtig und für Papa wichtig. Am allerwichtigsten bin ich für mich selber." Anko bekam ein wunderbar gutes und liebenswertes Gefühl, vielleicht zuerst in seinem Bauch, vielleicht zuerst in seiner Brust. Das breitete sich aus und machte ihn innerlich ganz stark und froh. Mit seinem breiten Rücken nahm er sich von nun an das Essen immer selber mit, wenn er nicht genug von anderen bekam. Er konnte das selber. So lebte der Dino Anko glücklich und zufrieden weiter im Dinoland, gut geschützt und gepanzert, mit all seinen unterschiedlichen Freunden und erlebte noch viele wundersame Abenteuer.

Traumageschichte: Krankenhausaufenthalt nach der Geburt
(Kleinstkindalter)

Es war einmal ein kleines Baby. Das wuchs wie alle Babys im Bauch seiner Mama: Zuerst war es ganz winzig klein. Dann wurde es ein bisschen größer und noch größer und noch größer. Es war eine gute Zeit, warm und angenehm und sicher. Das Baby konnte stark und gut wachsen. Es konnte alles bekommen, was ein Baby braucht: kleine Finger und Zehen, genau zehn, und genau eine kleine Nase und genau zwei kleine Ohren, die schon im Bauch drinnen das Hören lernen konnten.

Eines Tages war das Baby groß genug und kam auf die Welt. Doch es musste noch ein bisschen im Krankenhaus bleiben und eine Medizin bekommen.

Das war eine schwierige Zeit für das Baby und die Mama und den Papa, weil sie nicht zusammen sein konnten. Für das Baby war es natürlich am schwierigsten. Das ganze Licht, der ganze Lärm. Vielleicht fühlte es sich verlassen, vielleicht hatte es Schmerzen oder es hatte ganz große Angst. Wenn es schon denken hätte können, hätte es vielleicht gedacht: „Ich bin verloren." Das kann leider, leider kleinen Babys und ihrer Familie passieren.

Das Baby war aber ganz stark und wurde ganz schnell von selbst noch ein bisschen größer und stärker. Schon nach einer kurzen Zeit kam das Baby in seine Familie, in sein Zuhause. Es dauerte noch ein bisschen, bis im Kopf und im Körper vom Baby alles wieder ganz gut war. Dann konnte es spüren und vielleicht sogar denken: „Ich bin in Sicherheit. Es ist gut."

Damit begann die wirklich gute Zeit. Es war angenehm und interessant und sicher. Es war alles ganz in Ordnung und die Familie lebte glücklich und zufrieden zusammen und hatte eine wunderschöne Zeit.

Trauma- und Problemlösungsgeschichte: Trauerfall für Mutter, während Kind im Babyalter war: Mutter vermutet Auswirkung der damaligen Medikamente, Übergewicht des Kindes
(Kindergartenalter)

Es war einmal ein kleines Baby. Das wuchs ganz gut und ganz sicher im Bauch seiner Mama: Zuerst war es ganz winzig klein, dann wurde es ein bisschen größer und noch größer und noch größer, jeden Tag ein bisschen mehr. Es war eine gute Zeit, warm und angenehm und sicher.

Eines Tages war das Baby dann richtig groß genug und kam auf die Welt. Dort war alles anders, doch das Schlafen und das Trinken bei der Mama und das Getragenwerden war auch gut und angenehm und sicher. So konnte das Baby weiter jeden Tag etwas stärker werden.

Doch dann passierte der Mama vom Baby etwas sehr, sehr Trauriges. *Was könnte ihr denn Trauriges passiert sein, Anna? …* Es war so traurig, dass die Mama eine Medizin nehmen musste. Durch das Trinken bei der Mama kam etwas von der Traurigkeit und etwas von der Medizin auch zum Baby. Das Baby fühlte sich da vielleicht eine Zeit lang ganz schwach und ganz schlecht. Wenn ein Baby denken könnte, dann hätte es vielleicht sogar gedacht: „Ich muss sterben." Das war eine schwierige Zeit für das Baby und die Mama. Leider kann das kleinen Babys und Mamas passieren.

Aber beide wussten ganz automatisch, was sie tun mussten. Denn sie waren beide ziemlich stark und klug. Die Mama und das Baby warteten und ließen die Zeit mitsamt der Traurigkeit vorüberziehen. So wurde das Traurige immer weniger. Das Baby beeilte sich damit, groß und stark zu werden. Bald war es schon zu einem kleinen Kind herangewachsen.

Nach einer kurzen oder langen Zeit ging es der Mama und dem Kind wieder gut. Es war ein starkes Kind und es tat alles, was kleine Kinder tun, damit sie stark bleiben können. Ein richtig großer Bub war das schon.

Als er richtig groß war, konnte er aufhören mit dem besonders schnell Wachsen. Doch jeden Tag wollte er in der Seele drinnen weiter wachsen und wurde so immer fähiger und glücklicher. Jetzt konnte er jeden Tag denken und spüren: „Ich bin lebendig. Ich bin gut." Er war manchmal sanft wie ein Lämmchen und manchmal stark wie ein Löwe und fand meistens genau die richtige Mischung. Er konnte vieles schaffen, wenn er seine große Kraft zusammennahm. So lebte er glücklich und zufrieden mit seiner Familie und sein Leben fühlte sich gut und stark und aufregend an.

Traumageschichte: Gewaltangriff durch ein älteres Kind
(Kindergartenalter)

Es war einmal, oder war es zweimal, vielleicht auch dreimal, aber bleiben wir lieber dabei, es war einmal im Wunderland ein kleines, lebendiges Steinchen. Das rollte und hüpfte herum und war glücklich und neugierig und zufrieden. Lustig war es für das Steinchen, mit sich allein oder mit anderen zu spielen und zu springen.

Doch an einem ganz normalen Tag passierte etwas Schreckliches: Plötzlich warf sich ein großer Stein auf den kleinen. Der große drückte den kleinen auf den Boden, denn er war viel schwerer. Das kleine Steinchen hatte ganz riesengroße Angst. Es konnte nichts tun, es wusste nicht, ob es jemals wieder freikommen konnte. Es bekam gar keine Luft und konnte deswegen nicht schreien. Der große Stein tat ihm schrecklich weh. Das kleine Steinchen dachte sich: „Ich bin hilflos", vielleicht sogar: „Es ist aus mit mir." Schrecklich war das, heiß und kalt, nur das Knirschen vom großen Stein zu hören. Leider, leider kann so etwas kleinen Steinchen einfach ganz ohne Grund passieren. Leider, leider.

Dieses Steinchen machte in dieser schlimmen Situation etwas sehr Richtiges: Es blieb ganz still liegen und rührte sich nicht (oder tatsächliche Reaktion). Das war sehr, sehr klug. Denn aus irgendeinem Grund rollte der große Stein wieder fort. Wieder tat das kleine Steinchen etwas sehr Kluges. Es blieb noch eine Weile liegen und wartete, bis es die Kraft und den Atem wieder hatte, um wegzurollen. Es hätte noch andere kluge Sachen machen können, doch das war auch etwas sehr Kluges. *Anna, was hätte das Steinchen denn noch anderes Kluges tun können?* … Ein bisschen später rollte das kleine Steinchen wieder weiter. Bald war alles wieder gut und es rollte und hüpfte herum. Natürlich war es eine Zeit lang sehr, sehr vorsichtig bei großen Steinen. Deswegen schaute es die Großen immer ganz genau an und versuchte zu lernen, welche die guten Steine und welche die bösen Steine waren. Ganz genau. Damit machte es wieder etwas Kluges: Denn dadurch wurde es jeden Tag ein bisschen mehr stark und frei. Stark zum Wegrollen vor den unguten Steinen, frei mit den guten gemeinsam zu spielen und zu springen.

Und so rollte und hüpfte und spielte es wieder herum und war glücklich und zufrieden im Steinewunderland.

Trauma- und Problemlösungsgeschichte: Beschämung vor der Familie
(Schulalter)

Es war einmal das kleine Löwenkind Leo, das lebte glücklich und zufrieden mit seiner Familie im Dschungel. Da war es manchmal friedlich und manchmal abenteuerlich und jeden Tag passierte etwas Lustiges oder etwas Schönes.

Eines Tages kam eine große Aufregung ins Land und ergriff alle Löwen: Der Löwenkönig persönlich wollte zu Besuch kommen, weil er der Bruder des Vaters war. Er war also der Onkel unseres Löwenkindes. Leo war auf seinen berühmten Onkel natürlich mächtig stolz. Es war also eine wirklich aufregende Sache und das Löwenkind freute sich sehr darauf. Eines Tages war es endlich so weit: Der König kam! Voller Freude hüpfte das kleine Löwenkind ihm entgegen. Onkel Löwenkönig sah ihn herbeihüpfen, schaute ihn ganz streng an und beugte dann den Kopf zu seinen Begleitern. Er brummte etwas und schüttelte den Kopf – und alle lachten. Leo blieb erstarrt stehen, während der Löwenkönig majestätisch an ihm vorbeischritt. Am liebsten wäre er in den Erdboden versunken, weil er plötzlich das Gefühl hatte, ein schwerer Stein wäre auf sein Herz gelegt worden. Er konnte nur denken: „Ich bin so dumm, wie konnte ich nur so etwas Kindisches tun, anstatt würdevoll zu stehen und zu warten – wie alle anderen.“ Er schämte sich furchtbar. Leider, leider kann das kleinen Tierkindern passieren.

Der Besuch ging vorbei und der Löwenonkel verließ wieder die Familie. Doch das schwere Gefühl blieb beim Löwenkind Leo. Immer wieder passierte es ihm, dass er sich so dumm vorkam. Er hatte Angst zu lachen, er hatte Angst, mit fremden Löwen zu reden, er schämte sich vor sich selber.

Leo konnte die vielen, vielen Sachen, die zeigten, dass er lieb und klug war, gar nicht sehen und sich gar nichts merken. Daher konnten die guten Erlebnisse das schwere Gefühl nicht leichter machen oder auslöschen.

Eines Tages jedoch passierte etwas Besonderes: Leo – inzwischen war er schon mittelgroß geworden – hörte an diesem Tag seine Eltern über den Onkel sprechen. Der Papa sagte zur Mama: „Gott sei Dank ist mein Bruder nicht mehr gekommen. Er ist so dumm und überheblich und gemein, seit er König geworden ist. Weißt du noch, wie er damals so gemein zu unserem lieben, klugen Kind war. Dabei ist unser liebes, kluges Kind nur vor Freude zu ihm hingelaufen, wie das Kinder eben tun. Es ist so gut, dass Kinder das manchmal tun und ihre Gefühle zeigen.“

Dem mittelgroßen Löwenkind Leo fiel der Stein von damals vom Herzen. Jetzt endlich wusste er: „Ich habe es gut und richtig gemacht, der Onkel hat es schlecht und gemein gemacht.“

Jetzt endlich konnten ihm auch alle Sachen einfallen, wo er eigentlich schon längst hätte merken können, dass er ein lieber und kluger Löwe war. Von diesem Tag an lebte das mittelgroße Löwenkind wieder glücklich und zufrieden in seinem aufregenden und schönen Dschungel. Und wer weiß, wenn er später noch größer und noch klüger geworden ist, vielleicht wird er ja der neue und gute Löwenkönig werden.

Trauma- und Problemlösungsgeschichte: Ein Kind muss sein Elternhaus verlassen und reagiert mit aggressivem Verhalten
(Schulalter)

Lang vor unserer Zeit war einmal in dem Land, wo Dinosaurier wohnten, ein gutes kleines Dinokind, mit einem klugen kleinen Köpfchen, mit Vorderpfoten *Anna, heißt das bei Dinos Vorderpfoten?* mit Vorderbeinen, die sehr geschickt waren und mit einem Herz, das genau auf dem richtigen Fleck saß.

Dieses gute, kleine Dinokind war mit seinen Dinogeschwistern in eine Familie hineingeboren worden. Aber diese erwachsenen Dinosaurier hatten schwer mit ihren eigenen Problemen zu kämpfen und führten gegen sich selbst und gegen einander Krieg. Daher konnten sie nicht gut für sich und ihre Kinder sorgen. Das kleine Dinokind musste oft hungrig bleiben und konnte nicht einschlafen wegen des ganzen Lärms. Das kleine Dinokind hörte von den Großen oft, dass es schlimm und böse und schuld und schlecht sei. Und weil es ein gutes kleines Dinokind war, musste es schließlich den Erwachsenen glauben und über sich denken: „Ich bin schuld, ich bin schlecht und böse. Ich verdiene keine Liebe."

Schließlich konnten sich die großen Dinos überhaupt nicht mehr um ihre Dinokinder kümmern. Daher wurde das Dinokind zu einer anderen Dinofamilie gebracht. Diese Dinos hatten nur wenig Streit und niemals Krieg. Sie hatten viele freundliche Worte für den Dino, der jetzt schon mittelgroß geworden war. Das war wie ein Abenteuer für den Dino.

Wie jedes Abenteuer war es auf einer Seite gut und auf einer anderen Seite schwierig:

Das Gute war, dass sich das mittelgroße Dinokind gut und sicher fühlte. Es hatte Ruhe und Essen und Freundlichkeit und Liebe.

Aber manchmal war es eben auch schwierig zu verstehen, was alles passiert war. Mit den Erinnerungen kamen die schlimmen Gefühle und Gedanken von damals und dann machte das mittelgroße Dinokind schlimme Sachen. Es wiederholte das, was es früher gesehen hatte und selber zum Überleben hatte tun müssen: Es kämpfte gegen andere und gegen sich. Das war schwierig und traurig für alle, aber auch ein wenig schön, denn das Dinokind konnte sehen und spüren: „Auch wenn ich einen Fehler mache, die Dinos bleiben stark und ruhig und haben mich lieb. Ich bin liebenswert."

Weil dazu noch das mittelgroße Dinokind besonders viel Lebenskraft und Lebensmut in seiner schweren Zeit trainiert hatte, konnte etwas Besonderes passieren: Langsam, Stück für Stück, konnten die alten Gedanken mit den alten Erinnerungen und den alten Gefühlen zusammenwachsen und gemeinsam in die Vergangenheit zurückgeschickt werden.

Je mehr die Zeit verging, umso besser konnte das Kind das alte Zeug wegschicken. So geschah es, dass das alte Zeug irgendwann dort blieb, wo es hergekommen war und auch hingehörte: in der Vergangenheit, die sicher vorbei war. Nun störte es das mittelgroße Dinokind nicht mehr. Von Tag zu Tag konnte es besser denken: „Es ist vorbei, ich bin ein gutes Kind, ich bin liebenswert."

Und so lebte er noch ewig lang weiter in diesem Land, wo Dinosaurier wohnten, mit seinem klugen Kopf, mit Vorderbeinen, die sehr geschickt waren und mit einem Herz, das genau auf dem richtigen Fleck saß. In diesem Land, lang vor unserer Zeit.

Trauma- und Problemlösungsgeschichte: Mögliche Nahtoderfahrung vor der Geburt und Kaiserschnitt als vermutliche Ursache für Unruhezustände

(Kindergartenalter)

Irgendwo im Phantasieland, ähnlich wie in Australien, war einmal ein ganz kleines Kängurumädchen. Es wuchs im Bauchbeutel seiner Mama: Zuerst war es ganz winzig klein, dann wurde es ein bisschen größer und noch größer und noch größer.

Die Kängurumama hatte einen ganz großen Bauchbeutel, damit das kleine Känguru genug Platz hatte zum Wachsen. Der Bauchbeutel war aber auch nicht zu groß, damit sich das Kängurumädchen sicher und beschützt fühlen konnte. Es war eine gute Zeit, warm und angenehm und sicher. Es war ein wunderbares Gefühl und das Kängurukind konnte den Herzschlag und die Stimme der Mama hören.

Doch eines Tages passierte etwas Schlechtes: Die Kängurumama wurde ein bisschen krank. Das kann leider passieren. Damit die Mama wieder gesund werden konnte, musste sie eine Kängurumedizin nehmen. Diese Medizin ging in den Körper von der Mama und machte sie wieder gesund. Aber die Medizin ging auch in den Bauchbeutel von der Mama und damit auch in den Körper von dem Mädchen. Das war ziemlich schlimm für das Mädchen. Denn sie konnte diese Medizin überhaupt nicht gebrauchen und fast auch nicht aushalten. Vielleicht hatte das Babykängurumädchen drinnen im Bauchbeutel furchtbare Angst oder Schmerzen. Vielleicht dachte es: „Ich kann nichts dagegen tun, ich bin hilflos, ich muss sterben." Die Kängurumama merkte zwar, dass es dem Baby-Mädchen schlecht ging mit der Medizin. Nur konnte sie wirklich auch nichts tun.

So etwas kann leider jedem Kind und jeder Mama passieren und man kann nichts tun. Es war für eine kurze Zeit ganz schlimm. Da will ein gesundes gutes Kängurukind um sein Leben kämpfen. Da spürt ein gesundes gutes Kängurukind viel Zorn und Unglück, denn nur durch so ein starkes Gefühl bekommt der Körper genug Kraft für seinen Lebenskampf.

Das Kängurumädchen kämpfte gut und behielt ihr Leben. Sehr bald ging die Medizin aus dem Körper und aus dem Bauchbeutel der Mama und aus dem Körper des

Kängurumädchens. Es wurde alles wieder gut. Zur richtigen Zeit wurde der Bauchbeutel zu klein für das starke Kängurukind. Manchmal krabbelt dann das Kind selber heraus, manchmal wird mit Hilfe von anderen Kängurus der Bauchbeutel aufgemacht und das Kängurukind wird sicher geboren.

Es begann eine neue, gute Zeit: Es war angenehm und sicher in der Welt. Es war fast immer kuschelig und warm. Das Kängurumädchen hatte ein eigenes Fell und war damit selber warm angezogen. Es konnte sich das Leben nun selber warm und angenehm machen. Das Känguru konnte nicht nur die Stimme von den anderen, lieben Kängurus hören. Es konnte sogar selber etwas in der Kängurusprache sagen. Nur manchmal kam die alte Angst und das Mädchen kämpfte so wie damals um ihr Leben, weil sie in solchen Momenten nicht merken konnte, dass alles gut war. Aber auch dieses Schwierige ging vorüber, weil alle fest zusammenhielten und sich lieb hatten.

Heute ist das Kängurumädchen schon längst kein Baby mehr, sondern groß und tüchtig und kann sehr weit hüpfen und ganz gut denken. Es denkt dann: „Ich bin sicher. Ich kann auch ganz sicher sein, denn ich kann denken und ich kann selber etwas tun. Ich kann tun, was gut für mich ist. Ich kann aber auch erlauben, dass andere tun, was gut für mich ist. Darauf kann ich vertrauen. Ich bin ein gutes Mädchen."

So lebt das Kängurumädchen mit ihrer Familie sicherlich auch heute noch glücklich und zufrieden irgendwo im Phantasieland, das fast so ist wie Australien, und erlebt viele tolle Tage.

Trauma- und Problemlösungsgeschichte (Teile): Elternstreit vor der Trennung als vermutliche Ursache von Aggressionen

(Schulalter)

Es war einmal im tiefen Urwald Afrikas ein kleiner Leopard. Wie das bei manchen Leoparden so ist, lebte er mit seiner Leopardenmama dort, während der Leopardenpapa weiter gezogen war und nur manchmal vorbei kam. Der tiefe Urwald war sehr interessant für kleine Tierkinder: so viel zu entdecken, so viel zu spielen und zu klettern. Der kleine Leopardenjunge hatte meistens richtig gute Zeiten, aufregende und ruhige, lustige und friedliche.

Nur manchmal hatte er auch schlechte Zeiten, nämlich dann, wenn er von früher träumte. Früher hatten einmal seine Eltern wild gekämpft und sich sogar verletzt. Früher hatte er dann gedacht: „Ich bin sicher schuld, es ist wegen mir." Früher hatte er sogar geglaubt, dass alle Leopardenmänner immer kämpfen und gewinnen und alle Leopardenfrauen immer verlieren müssen. So war das also früher, und manchmal träumte der Leopard von früher.

Wegen dieser Träume kam dann leider ein „Kampfzwang" zu ihm. Er begann, immerzu zu kämpfen, denn er musste immer der Stärkste sein und alle anderen und am liebsten auch seinen Papa und seine Mama besiegen. Wenn er gewinnen konnte, freute sich ein Teil von dem Leopardenkind ganz arg und fühlte sich stark und schlau. Aber ein anderer Teil in ihm war unsicher, denn dann hatte er ja keine starken Eltern, die ihn beschützen konnten. Ein dritter Teil vom Leoparden war traurig, denn manchmal tat er beim Kämpfen jemandem anderen weh. Ein Sieg war also gut und schlecht gleichzeitig. Verlieren war aus demselben Grund schlecht und gut gleichzeitig. Der arme kleine Leopard wusste gar nicht mehr, was er tun sollte und probierte immer wieder zu kämpfen und jedes Mal, wenn er gewonnen oder verloren hatte, war er leider auch immer unglücklich und glücklich gleichzeitig. Deswegen begann er wieder zu kämpfen und so ging das immer fort. So ist das, wenn man einen Kampfzwang hat. Der kleine Leopard bekam manchmal große Angst deswegen, dann musste er sogar gegen die Angst kämpfen. Da hatte er wirklich eine schlechte Zeit und dachte von sich selber: „Ich kann gar nichts machen, immer muss man kämpfen. Aber es hat keinen Sinn. Das bringst nichts." Das kann leider, leider kleinen, tapferen Leopardenkindern passieren.

Eines Tages jedoch, ganz von selber, war aus dem kleinen Leoparden ein großer kleiner Leopard geworden.

Er gehörte nun zu den besten Läufern seiner Altersgruppe. Darauf war er sehr stolz und machte gern Wettkämpfe. Er war noch immer kein guter Kletterkünstler, immer konnten da die lästigen Affenkinder gewinnen. Früher hatte er sich immer wieder darüber geärgert, aber eines Tages, als er sich genug geärgert hatte, da konnte er plötzlich gegen den Kampfzwang ankämpfen. Plötzlich, ganz ohne besonderen Grund, war ihm ganz frei und leicht zumute und er dachte: „Es ist in Ordnung, wenn ich in einer Sache supertoll bin. Ich kann dazu noch ein bisschen klettern. Ich kann überhaupt nicht tauchen und schwimmen. Aber das ist ganz in Ordnung für Leoparden. Ich will ja kein Leoparden-Affen-Fisch sein. Ich bin ein Leopard und ich bin richtig gut."

Seit diesem Tag kamen immer öfter gute Zeiten, wo er gemeinsam mit anderen Urwaldkindern in Frieden spielen und lernen konnte; oder wo er zufrieden für sich allein Abenteuerentdeckungsreisen machen konnte. Die Vergangenheit war vorbei. Da kamen wirklich neue, gute Zeiten, wo er dachte: „Es ist gut so, ich bin gut so. Es macht von Tag zu Tag mehr Sinn."

Da plötzlich verabschiedete sich der Kampfzwang ganz von selber und statt ihm kam der große Frieden in sein großes kleines Leopardenherz. Mit diesem Frieden ging er nach Hause. Er sah die Mama und dachte bei sich: „Sie ist meine Mama. Sie hat mich sicher lieb und ich habe sie sicher lieb." Später sah er den Papa und erkannte: „Um jemand lieb haben zu können, kann der andere auch ganz weit weg sein." Am allerbesten war aber, dass der große kleine Leopard erkannte: „Man kann jemand anderen und sich selber mit all seinen guten und schlechten Seiten lieb haben, man kann sich stark fühlen und kann trotz allem beim Frieden bleiben!" Was dann passierte, kannst du dir sicher denken: Wenn man beim Frieden bleibt, gibt es kein Gewinnen und kein Verlieren! Der Kampfzwang war also für immer und ewig fort!

Da ging es dem großen kleinen Leoparden plötzlich ganz gut und er konnte sich beschützen lassen von seiner Mama und konnte mit ihr auf Abenteuerreise gehen und viele Dinge erforschen. Von diesem Tag an kämpfte der große kleine Leopard nur mehr mit Tieren, wo ein Kampf wichtig war. Meistens konnte er gut gewinnen, manchmal konnte er gut verlieren und etwas Neues für sich daraus lernen.

So wurde alles gut. Der große kleine Leopard lebt sicher noch immer im tiefen Urwald Afrikas und hat so wie wir aufregende und ruhige, lustige und friedliche Zeiten.

Wenn etwas Gutes passiert ist, erzählen Sie eine Erfolgsgeschichte!

Kindern passieren glücklicherweise viele schöne und gute Dinge. Wenn so ein Ereignis in Anna ein Gefühl von Glück, Stolz oder Zufriedenheit erzeugt, ist es günstig, dieses Erlebnis deutlich im Gedächtnis zu verankern.

Denn schöne Erinnerungen sind Energiequellen und Schätze, an die man sich in 50 Jahren noch erinnern und dabei glücklich sein kann. Wenn Sie außerdem möchten, dass Anna als Erwachsene von sich selbst denkt: „Ich bin kompetent, ich kann schwierige Situationen meistern, ich werde es schon schaffen", dann muss sie natürlich Referenzerlebnisse und Erfahrungen dazu in ihrem Gedächtnis haben. Gute Erlebnisse hat sie wahrscheinlich mehr als negative. Jedoch ist es entwicklungsgeschichtlich durchaus logisch anzunehmen, dass es fürs Überleben immer wichtig war, Informationen über Schlechtes und Gefährliches rascher und besser zu speichern. Vielleicht neigen wir deshalb dazu, den negativen Botschaften und Erlebnissen besonders viel Aufmerksamkeit zu schenken (13).

Aufbau

Wenn Sie sehr genau über ein gutes Ereignis Bescheid wissen, können Sie **Anna als Hauptperson** lassen. Genauso gut können Sie dem Handlungsträger einen anderen Namen geben bzw. ihn ähnlich wie bei den Traumageschichten gestalten. Besonders, wenn Anna direkte Anerkennung schwer aushalten kann (vielleicht weil sie befürchtet, dann in Zukunft zu große Erwartungen erfüllen zu müssen oder erfüllen zu wollen), ist dies wichtig.

Der Aufbau der Geschichte kann sich prinzipiell am tatsächlichen Geschehen orientieren. Häufig beinhaltet ein Erfolgserlebnis eine Form von **Herausforderung oder Prüfung:** In diesen Fällen entspricht die Gestaltung ziemlich genau jener der Traumageschichte.

Zuerst war es gut,
dann kam das Problem.
Schließlich konnte Anna die Lösung finden oder etwas tun –
und es wurde gut und ein Erfolg.

Der Satz „Das kann … passieren" braucht nicht unbedingt enthalten zu sein.

Ganz wichtig dabei: Was war der besondere Anteil von Anna? War sie stark, tapfer, klug, vorsichtig, vielleicht geduldig, hat sie etwas gut ausgehalten oder sich besonders angestrengt?

Dabei sollten Sie nicht künstlich dramatisieren – was schwierig oder anstrengend war, soll es auch bleiben dürfen und nicht schrecklich oder entsetzlich werden – aber auch nicht bagatellisieren und Leistungen zu Kleinigkeiten oder Glücksfällen degradieren.

Günstig ist es, die heilsamen Selbstüberzeugungen (siehe Anhang 2) noch extra zu betonen. Was dabei genau für Anna passt, was also das Erlebnis über Anna selbst Gutes aussagt, können Sie direkt oder interaktiv von ihr erfragen (siehe Kapitel 5); oder Sie tragen die Elemente aus Ihren Beobachtungen oder Vermutungen zusammen.

Es gibt allerdings auch noch ganz andere **Glücksmomente**, die nichts mit Erfolg oder Leistung zu tun haben. Diese sind es besonders wert, genug Aufmerksamkeit zu bekommen.

Zuerst war es unangenehm,
dann passierte etwas,
und Anna konnte sich glücklich, frei oder liebenswert fühlen.

Die heilsamen Selbstüberzeugungen für solche Geschichten können lauten: „Ich bin lebendig, ich bin glücklich, ich bin liebenswert, ich bin ganz in Ordnung." Diese Momente kommen meist ungeplant, im Zusammensein mit anderen oder auch ganz für sich allein. Es sind Kostbarkeiten, die wie Edelsteine die Fassung in einer Geschichte verdienen, weil sie sonst allzu leicht verloren gehen können.

Inhalt

Die einfachste und direkteste Möglichkeit ist, Anna am Abend zu fragen: „Was ist dir heute Gutes passiert? Wann warst du heute ganz zufrieden mit dir selber?" Dann wird Anna Ihnen das Erfolgs- oder Glücksereignis des Tages erzählen. Sie können es am nächsten Abend als Gute-Nacht-Geschichte zurückgeben, indem sie das Erlebnis ein wenig verpacken (wie bei einem Geschenk macht das Auspacken besonders viel Spaß und erhöht den Wert) und den besonderen Anteil von Anna bzw. die heilsame Selbstbotschaft deutlich werden lassen.

Wenn Sie an Annas Leben teilnehmen, findet sich vermutlich jeden Tag mindestens ein besonderer Moment, den Sie ihr in Form einer entsprechenden Geschichte direkt oder indirekt rückmelden könnten.

Dazu können auch bekannte Erzählungen verwendet werden, wenn die Fähigkeit bzw. Leistung der dortigen Heldin zur aktuellen kleinen oder großen Heldentat von Anna passt.

Es ist ganz interessant, gängige Märchen und Geschichten diesbezüglich zu durchleuchten: Die Bremer Stadtmusikanten – Fähigkeit zur Zusammenarbeit, Lebensmut? Aschenputtel – Fähigkeit zur Geduld, auf den richtigen Augenblick warten, seinem guten Herzen treu bleiben? Der Regenbogenfisch – aus eigenen Fehlern lernen, Hilfsbereitschaft? Pokemon – Durchhaltevermögen, Einsatzbereitschaft?

Es ist selbstverständlich günstig, wenn Anna vom guten Ereignis (zusätzlich) ein Bild malt, eine Form von Urkunde oder ein Foto aufhängt oder aufbewahrt. Innere Bilder halten manchmal länger, wenn es dazu äußere Bilder gibt.

Besonderheiten

Zu viel des Guten

Sehr, sehr selten gibt es Menschen, die übertreiben und verwöhnen, indem Sie einem Kind ununterbrochen Erfolgsgeschichten erzählen. Wer bei jedem Pinselstrich eines kleinen Malers in Begeisterungsstürme ausbricht und jedem, der das hören (oder auch nicht hören) will, davon erzählt, riskiert eine übertriebene Erwartungshaltung beim kleinen Künstler. Dieser erwartet vielleicht ständig eine solche Reaktion, sonst ist er frustriert, oder er bemüht sich nicht mehr dazu zu lernen, weil man ihm vermittelt, dass er bereits perfekt ist. Einen Tag lang kann er es sehr schön finden im Mittelpunkt zu stehen, am nächsten Tag hasst er es möglicherweise oder es ist ihm peinlich und er hört deswegen auf zu malen.

Kinder dieser Eltern könnten nicht nur unter Erfolgsdruck geraten, weil sie sich ständig beobachtet fühlen. Manche verlieren auch eine realistische und frustrationstolerante Einstellung zu sich selbst und zu eigenen Fehlern. Anna braucht eine besondere Fähigkeit, um selbstbewusst zu einer realistischen Einschätzung ihrer Leistungsfähigkeit und Möglichkeiten zu kommen: das Verbesserungswürdige im Guten und – was noch wichtiger ist – das Gute im Schlechten sehen zu können. Dieses Vermögen können Sie durch entsprechende Geschichten fördern. Dabei darf und muss allerdings das Gute insgesamt gut und das Schlechte schlecht bleiben. Unkritisch alles ganz gut zu bewerten wäre ebenso verfehlt wie immer alles schlecht zu machen.

Bitte mich nicht falsch zu verstehen: Es ist natürlich eine überaus wichtige und schöne Sache, dass die ersten Schritte, die ersten Worte oder Pinselstriche sehr gelobt werden und sich alle außerordentlich darüber freuen. Doch genauso natürlich ist, dass das

100. Mal dann nicht mehr besonders hervorgehoben werden muss oder auch soll, weil es keine besondere Mühe mehr macht.

Beachten Sie weiters, dass Ihre Erfolgsgeschichten nicht ständig den Vergleich mit anderen beinhalten. Der Konkurrenzkampf ist ein Teil unseres sozialen Gefüges, doch dabei gibt es notgedrungen wenige Sieger und viele Verlierer. Manchmal kann die Erfolgsgeschichte des Tages selbstverständlich vom Sieg über einen anderen handeln, zu dem Anna denkt: „Ich bin die Beste, ich bin besser als …" Doch dieser Vergleich mit anderen ist ein sehr zerbrechlicher Unterbau für das Selbstwertgefühl, denn früher oder später gibt es immer eine/n Bessere/n. Daher ist es wesentlich günstiger, ganz für sich allein denken zu können: „Ich bin gut; Ich bin fähig. Wenn ich mich sehr anstrenge, kann ich viel erreichen." Dazu muss man keinen anderen abwerten!

Noch ein Rat mit auf den Weg: Sie müssen sich nicht (immer) über die gute Note oder eine andere Leistung freuen. Sie können auch vermitteln: „Ich freue mich, dass du dich freust. Ich freue mich mit dir, dass du glücklich und zufrieden bist." Dadurch schicken Sie einmal nicht die Botschaft „Gute Leistung freut mich", sondern „Dein Glück freut mich". Dies ist ein wichtiger Schutz vor reiner Leistungsorientierung und vor einem möglichen (hoffentlich unberechtigten) Vorwurf: „Meinen Eltern/Großeltern … sind gute Noten wichtiger als ich!"

Zu wenig des Guten

Manchmal befürchten Erwachsene, dass ein Kind zu wenig Bescheidenheit und Demut lernt. Sie glauben vielleicht, dass Anna überheblich wird und nichts mehr dazulernen will, wenn sie öfter als einmal pro Monat ein Erfolgserlebnis hat. Daher holen sie Anna permanent und gnadenlos auf den harten Boden der Realität dessen, was sie alles noch nicht kann, zurück.

Bescheidenheit ist selbstverständlich eine durchaus ehrenwerte Tugend – wenn sie nicht dem Schutz der Mächtigen dient, sondern dem Schutz vor eigenen Allmachtsphantasien.

Sie stellt also meiner unmaßgeblichen Meinung nach (so klingt Bescheidenheit) eine bedingt nützliche Charaktereigenschaft dar. Was mir allerdings noch bedeutsamer erscheint: Sie ist eine soziale Spielregel, die in manchen Situationen die beste Strategie darstellt und die man deswegen beherrschen sollte. Es ist vergleichbar mit der Regel, dass es in den meisten sozialen Situationen in unserer Zeit günstig und richtig ist, sich hinten anzustellen. Manchmal jedoch ist es unvermeidbar oder wichtig, sich vorzudrängen.

Es ist wesentlich einfacher, sich selbst oder jemand anderem bei Bedarf ein wenig mehr selbstkritischen Realismus beizubringen, als ein einmal zerstörtes Selbstwertgefühl wieder aufzubauen. Also bitte keine Angst vor selbstbewussten Kindern, denn gesunder Selbstwert ist die Basis jeder gesunden, glücklichen Persönlichkeit. Bleiben Sie Familienoberhaupt und erzählen Sie viele Erfolgsgeschichten! Dazu gehören im Übrigen besonders auch die „Das habe ich aus meinem Fehler gelernt"-Geschichten.

Geschichten für Sie selbst

Selbstverständlich soll sich jeder über das ihm anvertraute Kind freuen, darauf stolz sein und jedem davon erzählen! Sie geben Anna sehr viel von sich – und von Glücksmomenten mit ihr lebt die Energie, die dahinter steckt.

Anna wird jedoch langfristig genau spüren, wenn Sie eine Erfolgsgeschichte für sie erzählen, damit sie selbst stärker oder sicherer wird. Oder im Geheimen mehr für sich selbst, damit Sie vor Anna oder vor anderen Leuten angeben können, Ihr Bild als guter Erzieher verbessern wollen oder sonst einen emotionalen oder anderen Nutzen für sich selbst herausschlagen möchten.

Es ist gut, diese unterschiedlichen Geschichten klar zu trennen: Die einen sollen wirklich in erster Linie Anna nützlich sein und die anderen, die dürfen und sollen Sie sich selbst oder einem guten Zuhörer erzählen. Geschichten über Ihre Erfolgserlebnisse und Glücksmomente gehören in Ihrem eigenen Gedächtnis gut verankert, denn auch Ihr Selbstwertgefühl braucht einen Boden, auf dem es wachsen kann!

Dazu ein Tipp: Wenn die kleine Anna großes Chaos gemacht hat, machen Sie zuerst ein Foto davon und erst dann ärgern Sie sich ordentlich über die Kosten an Zeit oder Geld und machen sich fluchend gemeinsam mit ihr an die Aufräumungsarbeiten. Dieses Foto wegpacken, denn großes Chaos machen wollen Sie sicher nicht durch besondere Aufmerksamkeit belohnen. Das Bild soll Sie selbst erst in zwei oder 20 Jahren daran erinnern, wie gut Sie schwierige Situationen meistern können – oder zumindest daran, wie viel Sie überlebt haben!

Erfolgsgeschichte: Sieg über die Langeweile
(Kindergarten/Schulalter)

Es war einmal ein Kind, das hieß Annette und das lebte mit seiner Mama in einer Wohnung in einem schönen Haus in einer aufregenden Stadt.

An einem ganz besonders sonnigen Tag war es jedoch Annette einmal ganz besonders fad. So furchtbar fad. Richtig grantig schaute sie drein. Niemand konnte ihr helfen. Alle Vorschläge und Spiele passten überhaupt nicht und konnten die Fadigkeit nicht verjagen. Doch plööööztlich hatte sie so ein Gefühl in sich, das ihr sagte: „Tu was." Und plötzlich hatte diese Annette dazu noch eine gute Idee. Sie sagte zu ihrer Mama: „Ich würde gern einen Spaziergang machen." Die Mama sagte: „Da hast du Recht, ich nehme mir Zeit, wir machen einen Spaziergang." So geschah es. Die beiden gingen zum Bus und fuhren ein Stück und stiegen aus. Dann nahmen sie sich bei den Händen und machten einen wundervollen Spaziergang mit einem wunderbaren Wind in den Haaren und wundersamen Blättern, die unter ihren Füßen raschelten und von denen Annette ein ganz schönes aufhob. Sie taten gar nichts Besonderes und gerade das war das Besondere! Denn es kam ein ganz gutes und glückliches Gefühl und ging mit ihnen spazieren und machte, dass die beiden ganz gut spüren konnten, wie lieb sie sich hatten. Das gute Gefühl fuhr mit ihnen im Bus nach Hause und Annette legte das Blatt, das sie mitgenommen hatte, in ein Buch. In dem Buch unter dem Blatt schlief von nun an das gute Gefühl.

Manchmal holt Annette das Blatt hervor und weckt das gute Gefühl auf, macht es in sich lebendig und kann denken: „Ich bin ein gutes Kind, das Leben ist manchmal so wunderbar schön."

Außerdem hat sie sich für immer und ewig gemerkt, dass man Fadigkeit nur mit „Tu was" verjagen kann.

Schau, schau, schau, die Sonne fliegt nach Haus, die Henne legt ein Ei und die Geschichte, die ist jetzt vorbei.

Erfolgsgeschichte: Etwas Nützliches an einer Scheidungssituation erkennen
(Kindergartenalter)

Es war einmal im tiefen, blauen Ozean ein Seepferdchenschwarm in einem Korallenriff. Da lebten viele Seepferdchenmännchen und Seepferdchenweibchen und eine ganze Menge Seepferdchenkinder. Von einem dieser Kinder soll diese Geschichte erzählen: Wie das bei Seepferdchen so üblich ist, wurde das Kind als winzigkleines Ei von der Mama in den Brutbeutel seines Papas gelegt. Dort wurde es größer und größer und schlüpfte schließlich aus dem Ei und begann fröhlich im angenehmen Wasser zu schwimmen und zu tanzen. Das war eine ganz gute und sichere Zeit, dort im Meer, mit den funkelnden Lichtern und dem warmen Wasser voll von gutem Seepferdchenessen. Es wohnte die meiste Zeit bei seinem Papa und von Zeit zu Zeit wohnte es bei seiner Mama, die in einem anderen Korallenriff lebte.

Manchmal fand das Seepferdchenkind es allerdings ein bisschen anstrengend, so von einem Korallenriff ins andere schwimmen zu müssen. Dann dachte es voll Sehnsucht, dass es besser wäre, wenn seine geliebten Eltern im selben Riff wohnen würden. Doch eines Tages, da passierte etwas ganz Wunderbares: Es merkte, dass viele andere Seepferdchenkinder aus dem Seepferdchenkindergarten große Angst davor hatten, das Riff zu verlassen. Sie dachten, das andere Korallenriff wäre viel zu aufregend und zu gefährlich. Da bemerkte das Kind, dass es selber schon viel mutiger war als die anderen. Es wusste ja schon wie es war, in einem anderen Riff zu sein. Es kannte sich schon gut aus, es hatte überhaupt keine Angst vor fremden Riffs. Das war supertoll. Auch die anderen Seepferdchenkinder bewunderten es und sagten, dass es ein sehr mutiges Seepferdchenkind war.

Von jenem Tag an war das Seepferdchenkind sehr stolz darauf, so mutig und so tüchtig zu sein und so viel von der großen, weiten Wasserwelt zu kennen. So lebte es glücklich und zufrieden und tanzte und schwamm noch viele wundervolle Tage in seinen beiden Korallenriffs herum, bevor es sich, groß und stark geworden, sein eigenes Riff im tiefen, blauen Ozean suchte. Doch das ist eine andere, aufregende Geschichte.

Erfolgsgeschichte: Durch viel Arbeit/Lernen einen Erfolg erreichen

(Schulalter)

Es war einmal vor einer Million Jahren ein Pinguinbub. Er lebte auf einem schönen, glitzernden Eisberg mitten im großen, klaren Eismeer. Es war ein gutes Land, das genau zu diesem Pinguinbub passte und wo es ihm ganz gut ging. Er lebte gemeinsam mit seinen beiden Pinguineltern, die – so wie es bei Pinguinen üblich ist – abwechselnd fischen gingen, während der andere Elternteil beim Kind blieb. Der Pinguinbub hieß … (Pinki). Pinki ging in die Pinguinschule und hatte dort jede Menge Spaß und jede Menge Arbeit. Er lernte dort auf dem Bauch rutschen und Fische fangen und auch so nützliche Dinge wie die Sprache der Seemöwen.

Eines Tages wollte er ohne besondern Grund einmal ganz gut werden im Eisschollenweitspringen. Ja, das lernen die Pinguine auch in der Pinguinschule und einmal im Jahr gibt es eine Prüfung. Pinki trainierte und trainierte. Manchmal war er schon sehr müde vom Üben, manchmal hatte er gar keine Lust mehr, manchmal wollte er eine Eisscholle gar nicht mehr anschauen und lieber spielen gehen. Doch immer wieder probierte und übte er ein bisschen. Daher konnte er jeden Tag ein bisschen besser und ein bisschen weiter springen. Am Tag der großen Prüfung schaffte er es wirklich, ganz supertoll zu springen. So eine Freude war das, Pinki hatte es geschafft, er hatte sich Mühe gegeben und das geschafft.

Alle freuten sich mit ihm. Jetzt wusste er für alle Zeit: „Ich kann es schaffen." So lebte Pinki noch glücklich und zufrieden weiter auf seinem schönen, glitzernden Eisberg mitten im großen, klaren Eismeer.

Erfolgsgeschichte: Aus einem Fehler lernen

(Schulalter)

Es war einmal im Märchenwunderland ein starker und mächtiger, junger Adler. Er flog sicher und zufrieden in seinem Revier herum, zog am Himmel unendlich weite Kreise, jagte oder saß in der Spitze einer mächtigen Tanne, in der auch sein Horst war.

Es gab nichts, womit der junge Adler unzufrieden war, außer einer Sache: Jedes Jahr mussten die Adler, die ihr Revier behalten wollten, eine Flugprüfung ablegen. Sonst mussten sie in ein kleineres Revier übersiedeln. Der junge Adler hasste diese Flugprüfung, denn er konnte zwar supergut fliegen, hervorragend jagen, elegant in der Tannenspitze landen und kilometerweit schweben. Aber er konnte nicht gut auf dem Boden landen. Das war ihm immer sehr peinlich. Im Vorjahr hatten die Prüfer noch ein Auge zugedrückt, ihn aber ermahnt, fleißig zu üben. Doch der junge, starke Adler dachte nicht daran, sondern er vermied es einfach, auf dem Boden zu landen und landete immer auf Steinen oder auf Bäumen.

Plötzlich aber war der Tag der Prüfung da, und – wie konnte es anders sein – die Bodenlandung war eine Katastrophe. Noch mehr Katastrophe war es, dass die Prüfer ihm daraufhin ein winzigkleines Revier zuwiesen: ihm, dem jungen, starken und mächtigen Adler!

Er war wütend, er war böse und zornig. Dann war er traurig und verzweifelt. Doch nichts half, er musste seinen Horst räumen, die Tanne verlassen und umziehen. Wie er da so mit hängenden Schwingen im neuen Revier saß, da kam plötzlich eine ganz besondere Klarheit. Sein Kopf wurde frei und sein Herz wurde stark. Jetzt endlich konnte er aufhören mit dem Trotzig- und Traurig- und Wütend-Sein. Jetzt endlich konnte er erkennen: „Ich habe einen Fehler gemacht. Ich war einfach zu stolz, es war mit so entsetzlich peinlich, so wie ein Adlerbaby Landen lernen zu müssen. Aber ich lasse mir dadurch doch nicht mein Revier, meinen Baum, meine Freunde wegnehmen!"

Sofort flog er auf und suchte sich einen Trainer, der ihn das Landen lehren konnte. Er übte und übte einen ganzen Sommer oder vielleicht sogar ein ganzes Jahr lang. Vor der nächsten Prüfung hatte er keine Angst mehr. Er zeigte den Prüfern, wie gut er die Bodenlandung beherrschte. Es war immer noch nicht seine beste Übung, aber das war auch nicht notwendig. Es reichte, damit er gleich nach der Prüfung sein altes Revier wieder beziehen konnte.

So sah man den starken und mächtigen jungen Adler mit seinem freien Kopf und seinem starken Herzen bald wieder in der Spitze seiner mächtigen Tanne im Märchenwunderland sitzen. Jetzt zog er wirklich sicher und zufrieden am Himmel oben seine Kreise und freute sich über seine starken Flügel und über den Wind, der ihn hoch hinaus trug. Niemals in seinem langen Adlerleben würde er je wieder vergessen: „Ich habe einen Fehler gemacht. Aber ich, ich kann daraus lernen."

5. Interaktive Geschichten aus der Gegenwart

In diesem Kaptitel geht es um Geschichten, die aus der Gegenwart heraus geboren werden und für die Gegenwart bestimmt sind. Sie werden interaktiv gemeinsam mit Anna entwickelt. Dadurch ist es möglich,

- dass Alt und Jung auf eine außerordentlich faszinierende Art miteinander in intensivem Kontakt sind. Dazu brauchen die beiden kein Spielzeug, kein Geld, keinen besondern Ort, nicht einmal besonders viel Zeit und – das Beste – schon gar keine spezielle Idee!
- dass Anna bereits in einem Alter eine Geschichte mitgestalten, miterfinden und miterzählen kann, in dem das selbständige Erzählen noch unmöglich wäre. Auf diese Weise trainiert ein Kind spielerisch und voll Spaß die dazugehörigen Fähigkeiten – und Sie übrigens auch.
- dass Anna und Sie herausfinden, was der andere über bestimmte Dinge in der Welt denkt, ohne direkt fragen zu müssen.
- dass einerseits Anna lernt und Sie üben, zur gleichen Zeit zu reden bzw. mitzuhören und den nächsten Satz zu planen – eine hervorragende Konzentrationsübung. Andererseits werden Sie beide merken, wie gut man sich den eigenen Gedanken und Bildern auch anvertrauen kann: „Manchmal passiert nichts Aufregendes im Kopf und dann plöööötzlich …"
- dass Sie vielleicht einen wichtigen Faden in das Lebenskonzept von Anna einweben: „Anstrengung bringt viel Spaß und Nähe." Dieser Faden kann gut neben der Erfahrung „Berieseln lassen und entspannen ist schön" liegen und wird Anna für die Zukunft außerordentlich nützlich sein.

Bei dieser Form der Interaktion ist es selbstverständlich günstig, über die Eigenheiten kindlichen Denkens Bescheid zu wissen. Einiges dazu wurde in den vorherigen Kapiteln bereits erwähnt, in Anhang 3 finden Sie weiterführende Literatur.

Sie werden sehen, es wird Ihnen und Anna eine Menge Freude machen! Sie beide können völlig zu Recht das Gefühl bekommen, gemeinsam etwas ungeheuer Kreatives zu leisten. Allerdings macht es mehr Arbeit als das reine Vorlesen oder Zuhören. Es ist richtig schön anstrengend, weil man mit aller Flexibilität und Konzentration bei der

Sache sein muss. Entsprechend groß wird dann der Stolz sein auf das, was sich entwickelt hat.

Aufbau

Das Prinzip ist denkbar einfach: Sie sagen einen Satz und dann lassen Sie Anna einen Beitrag leisten. Sie setzen wieder ein Stück fort und dann wird wieder das Kind eingeladen, die nächste Wendung in der Handlung mitzubestimmen. Und wieder greifen Sie das auf, erzählen kurz weiter und fragen Anna, wie oder wo oder mit welchen Schwierigkeiten oder Lösungen es weitergehen könnte.

Besonders wichtig ist die glasklare Grundstruktur der Geschichte:

Einleitung – Spannungsaufbau – Höhepunkt – Botschaft und Schluss

Es ist von entscheidender Bedeutung, diese Art von Geschichten nicht zu lang und zu kompliziert werden zu lassen, sondern **kurz und einfach** zu halten. Es gibt sie nirgends gespeichert – außer in den Köpfen der Beteiligten. Der Anfang der Geschichte muss am Schluss noch gegenwärtig sein!

Ich lade Sie in diesem Zusammenhang zu einem kleinen Experiment ein: Sie sagen Anna zwei Ziffern vor, zum Beispiel 3, 5, und Anna soll diese wiederholen. Wenn Anna das kann, sagen sie drei Ziffern und fordern Anna wieder zum Nachsprechen auf. Dann vielleicht vier: 6, 2, 8, 5 – und schauen Sie, ob Anna das noch gelingt. Wir überschätzen häufig das Gedächtnis von Kindern. Mit 5 Jahren ist die Grenze etwa bei 4–5 Ziffern, mit 8 Jahren bei 5–6. Je **mehr Sinn** der Inhalt für Anna hat, oder je **mehr Bilder** in ihrem Kopf entstehen, umso besser kann sie sich zwar Dinge merken (übrigens ist das eine wichtig Botschaft für das erfolgreiche, schulische Lernen), je nach Alter hat es aber trotzdem ganz natürliche Grenzen.

Bei allzu langen Sätzen kann Anna bei den letzten Worten eigentlich nicht mehr wirklich wissen, wie der Satzanfang war! Bleiben Sie daher auch bei der Satzbildung einfach, kurz und bildhaft!

Der **Beginn soll bereits möglichst offen** sein, damit Anna ganz sicher nicht das Gefühl bekommt, sie soll etwas „richtig" vollenden. Sie müssen am Anfang selbstverständlich **ankündigen**, dass es jetzt um eine gemeinsam gestaltete Geschichte geht. Kinder lernen schöne Sachen aber sehr schnell und später können Sie sogar während einer normalen Vorlesegeschichte Anna auffordern, mitzugestalten und zumindest den Namen oder ein anderes Detail einzubringen.

Der Spaß ist am Größten, wenn Sie zu Beginn nur den ersten Satz wissen und ganz neugierig sind, welches Thema sich durch Ihre und Annas Beiträge ergibt.

Dazu nun ein kurzes Beispiel. Beachten Sie die **besondere Erzählweise**: Immer, wenn Anna mitreden soll (im Text stehen an diesen Stellen Punkte), laden Sie mit einer fragenden Geste (Hand-, Augen- oder Kopfbewegung) deutlich ein.

Bei Fragen, die außerhalb der Geschichte an Anna gestellt werden (im Text kursiv), verwenden Sie am Besten einen besonderen Tonfall (deutlich leisere oder veränderte Stimme). Anna braucht klare Zeichen, damit sie weiß, wann Sie die Geschichte „übergeben" bzw. wie Anna das Steuer wieder zurückgeben kann.

Die Klammern kennzeichnen die Antworten eines – in diesem Fall etwa 4-jährigen – Miterzählers. Diese Geschichte ist tatsächlich so entstanden. Am Beginn war überhaupt nicht klar, dass es eine Angstbewältigungsgeschichte werden würde:

Interaktive Geschichte
(Kindergartenalter)

Es war einmal ein … (kleines Kind). Sein Name war … (Stefan). Eines Abends ging dieser kleine Stefan in sein kuscheliges Bett. Dabei machte er es so wie immer: Zuerst hatte er sein Abendessen, dann … (putzte er die Zähne) und dann … (ging er aufs Klo) und dann … (zog er den Pyjama an) und dann … (trank er seinen Kakao, ganz einen guten). Genau so machte das dieser kleine Stefan. *Hat er dann noch Zähne geputzt? …* (nein). Und dann trank er noch einen guten Kakao. Schließlich sagte er noch Gute Nacht, kuschelte sich in sein warmes Bettchen, machte die Augen zu und wollte einschlafen.

Da plööööööötzlich … (hört er was) hörte er was, ein Geräusch, und das hörte sich so an … *wie könnte sich das Geräusch angehört haben?* (Ich weiß nicht) *Hmm, was hast du denn schon mal für ein Geräusch in der Nacht gehört? Oder vielleicht hörte er etwas, was du noch nie gehört hast. Also:* Plööööööötzlich hörte er ein Geräusch und das hörte sich so an … (grk, grk, grk, pschiuuuuu). Uiuiui, dachte sich Stefan, und bekam einen schrecklichen Schreck. Schon wieder hörte er es: grk, grk, grk, pschiuuuuu. Da dachte sich Stefan … (Was ist das?). Also er dachte: „Was ist das? Was mach ich denn jetzt? Soll ich die Mama oder den Papa rufen? Soll ich laut schreien? Soll ich vielleicht vorsichtig mal die Augen aufmachen und schauen?" *Was sollte denn der Stefan jetzt tun? …* (Die Augen aufmachen und schaun.) Stefan machte vorsichtig die Augen auf, drehte sich um und schaute in die Richtung, aus der das Geräusch kam. Es war ein bisschen hell im Zimmer, und so sah er … (Weiß nicht). Also, da sah er etwas, von dem er beim ersten Blick dachte: „Ich weiß nicht, was das ist." Deshalb setzte er sich ein bisschen auf und schaute noch einmal genau. Und dann sah er … (Weiß nicht), noch immer nicht genau, was es war. Nun wurde er aber schon mutiger. Er stieg vorsichtig aus seinem Bett und ging näher und da sah er … (das Auto) das Aufziehauto am Boden stehen. Und da dachte er … (ich weiß nicht). Und da dachte er: „Ich weiß nicht, aber vielleicht ist es noch nicht ganz fertig gefahren und macht deshalb dieses Geräusch." Er stupste es an und wirklich fuhr es noch ein bisschen. Dann konnte das Auto Ruhe geben und musste nicht mehr fahren. Stefan schaltete zur Sicherheit den Schalter unten am Auto aus. Jetzt konnte Stefan gut und sicher und ein bisschen stolz auf seinen wirklich beachtlichen Mut weiterschlafen.

1 und 2 und 3 und die Geschichte ist jetzt vor … (bei!)

Besonderheiten

Bei interaktiven Geschichten müssen Sie wirklich flexibel und sicher genug sein, **sich führen zu lassen.** Es wäre es ein großer Fehler, wenn Anna den Satz so vollenden soll, wie Sie es für richtig halten! Es darf kein Test werden, ob Anna die richtige Antwort weiß, indem Sie einen halbfertigen Satz nehmen und auf die von Ihnen geplante Fortsetzung warten. Ganz verkehrt wäre es also zu sagen: „ … und da dachte sich das Kind, jetzt muss ich mich aber ent … (schuldigen = richtige Fortsetzung)."

Bei absichtlich eingebauten Wiederholungen oder Reimen ist es hingegen selbstverständlich lustig, wenn Anna schon weiß, wie's weitergehen muss. Der Schlusssatz im obigen Beispiel ist so ein kleines Ritual.

Gestalten Sie tatsächlich aus dem Augenblick heraus miteinander eine Geschichte. Das jeweilige **Maß an Mitbeteiligung variiert** je nach Lust und Laune und Alter. Natürlich hat man manchmal schon am Anfang und häufig irgendwann dazwischen eine Idee, die man unbedingt einbauen möchte. Wenn Sie einen guten Einfall haben, dann sagen Sie das nur bitte einfach auch selber und versuchen nicht, Anna dahingehend zu manipulieren. Sie können jederzeit längere Stücke übernehmen, genauso wie Anna das tun kann.

Wenn Anna überhaupt nicht mitmachen will, darf sie vielleicht von nun an zum Eingewöhnen bei jeder fertigen Geschichte selber die Namen der Beteiligten bestimmen, deren Aussehen, Alter oder Kleidung. Sie darf sagen, welcher Monat ist und ob die Blumen von Rotkäppchen rot oder blau sind; oder vielleicht sind es ja gar keine Blumen, vielleicht sind es Pilze – und schon sind sie gemeinsam mitten drinnen und können ihr Stück für Stück die Mitgestaltung schmackhaft machen.

Besonders in der Anfangsphase ist **das Geheimnis** dabei: **Alles, was Anna sagt, passt!**

In dem obigen Beispiel wäre es eigentlich gar nicht notwendig gewesen, wegen dem Zähneputzen nach dem Kakao noch einmal nachzufragen (doch manchmal überrascht ein Kind). Dieser Stefan macht das eben so. Auch wenn Anna Sachen völlig verdreht: Sie sind auf einer Geschichtenzauberinsel! Alles passt, denn es geht nicht um Erziehen oder Realität, sondern um gemeinsame Unterhaltung und gute Beziehung! Ich hoffe,

Sie werden vom Ehrgeiz gepackt und greifen sogar den allergrößten Unsinn auf:

Es war einmal ein kleines Kind. Sein Name war … (Stefan). Eines Abends ging dieser kleine Stefan in sein kuscheliges Bett. Dabei machte er es so wie immer: zuerst hatte er sein Abendessen, dann … (aß er sein Bett auf). Ups, er aß sein Bett auf. Dieser Stefan machte das also ganz anders als wir. Er war überhaupt ein ganz besonderes Kind. Er war dazu noch besonders … (groß). Besondere Kinder haben es im Leben manchmal leicht und manchmal schwer …

Oder:
… Ups, er aß sein Bett auf. Dann aß Stefan also noch sein Bett auf. Es war schon ein merkwürdiges Kind, dieser Stefan. Ein wirklich ziemlich merkwürdiges Kind. (Ich nehme an, Sie können förmlich hören, wie intensiv der Erzähler darüber nachdenkt, was er mit dieser Wendung machen kann!) Denn das war sein Geheimnis, dass er manchmal ein Bett aufaß. Vielleicht war er verzaubert, vielleicht waren die Möbel aus Zucker, vielleicht war das Geheimnis so geheim, dass er es selbst nicht wusste. Also, die Wirklichkeit war in dieser Geschichte, dass … *Was soll denn die Wirklichkeit in dieser Geschichte sein, Anna? …*

Umgang mit Ausweichantworten
Selbstverständlich müssen Sie besonders am Beginn damit rechnen, keinen oder einen ausweichenden Beitrag von Anna zu bekommen. Sie ist es ja nicht gewöhnt, mitgestalten zu können und dabei so intensiv mitdenken zu müssen. Ihr fällt manchmal sicher ganz einfach nichts ein.

Es gibt verschiedene Möglichkeiten, damit umzugehen:

1. Die kreativste Möglichkeit habe ich bereits genannt: Der größte Spaß, aber auch die schwierigste Herausforderung für Sie ist es, **jede Aussage auch einzubauen**! Damit gewinnen Sie Annas Begeisterung und sie wird sich von Mal zu Mal mehr eingeladen fühlen.

In der folgenden Übersicht gebe ich Ihnen einige Beispiele zur Weiterverwendung von solchen Antworten, die Sie mit Sicherheit irgendwann hören werden:

Auf die Frage nach einer Idee: „*Ich weiß nicht.*“ Kind sagt gar nichts	„Also“, dachte sich der Bär, „*ich weiß nicht* was ich denken/tun soll“. Also setzte er sich hin und dachte nochmal ganz gut nach und plöööööötzlich fiel ihm etwas ein: … Also, da war so eine Leere in seinem Kopf, da war gar keine Idee. Er ging ein Stück weiter/er setzte sich hin und sagte zu sich: „Ich mag aber eine Idee haben, wer könnte mir denn da jetzt helfen.“ Und er ging zu …
Auf die Frage nach einem Namen: „*Ich weiß nicht*“, oder „*Keine Ahnung*“, „*Hmm*“, „*Sag du*“	Der Bär hieß also „*Ich-weiß-nicht*“ (oder *Keine-Ahnung* oder *Hmm* oder *Sag du* …). Das ist sicher ein ungewöhnlicher Name für einen Bären … (und dann eine Geschichte daraus machen, wie der Bär zu seinem Namen gekommen ist; oder eine Geschichte über die Vor- und Nachteile von „Nicht wissen/nicht entscheiden“ … Und beim nächsten Mal: Oh, schon wieder spielt da unser alter Freund „*Ich-weiß-nicht*“ mit. Das ist fein.
Auf die Frage nach einer Eigenschaft: „*Weiß nicht*“, „*Ist egal*“, „*Ich will nichts sagen*“	Der Bär war also nicht groß oder klein, das Besondere an ihm war, dass er *nie wusste* wie er sein sollte / dass *alles egal* war / dass er *nie etwas sagen wollte*. Doch das war in Ordnung, denn seine Freunde wussten, dass er ein lieber, brauner Bär war … Oder: Das machte ihm sogar manchmal Angst, dass er *nie wusste, wie er sein sollte und sein wollte* … Oder: Er *wusste also gar nicht* (ihm war immer *alles egal / er wollte nie was sagen*). Das war also seine Eigenschaft. Manchmal war es gut und manchmal war es schlecht, dass er diese Eigenschaft hatte. Einmal war es sogar so, dass …
Auf die Frage nach einem Geräusch: „*Stille*“, oder Kind sagt gar nichts … „*ich weiß nicht*“	Da hörte er also … gar nichts. Eine ungewöhnliche *Stille* war im Raum. Ganz still. Er hörte noch mal ganz genau hin und hörte … (wenn wieder die Antwort kommt „Ich weiß nicht“) … eine Stimme, die sagte: „*Ich weiß nicht.*“ Da kannte er sich nicht aus. Was meinte die Stimme mit dem „Ich weiß nicht“? Vielleicht brauchte da jemand Hilfe …
Wenn Anna un willig, grantig wird oder sagt: „*Ich will nicht mehr.*“	Da bekam er plötzlich ein grantiges Gefühl und er dachte sich „*Ich mag nicht mehr*“ und er beschloss, für heute Schluss zu machen/sich ein neues Spiel zu suchen. Und die Geschichte ist aus und die Maus lief ins Haus. Oder Sie machen alleine eine Geschichte über grantige Gefühle und was man damit tun kann.

2. Natürlich dürfen Sie ganz einfach **noch einmal nachfragen**. Aber bitte nur einmal! Die meisten Kinder finden das ausgesprochen lästig, weil sie es zum Beispiel von der Schule her gewöhnt sind. Wenn Sie öfter als einmal nachfragen, könnte es sein, dass Anna sich unter Druck gesetzt fühlt, als Selbstschutzreflex innerlich gegensteuert und grantig oder unwillig wird. Dabei war sie nur an diesem einen Tag zu müde zum Nachdenken. Bevor aber die spielerische Leichtigkeit verloren geht, setzen Sie lieber die Geschichte selbst fort.

3. Sie können in jedem Fall natürlich **selbst weiter erzählen**. Viele Kinder brauchen mehrmals Ermutigung und Einladung, bis sie das Miterzählen wagen. Selbstverständlich können Sie eine Pause beim gemeinsamen Geschichten-Erzählen einlegen, jedoch sollten Sie nicht zu früh bzw. nicht für eine große Zeitspanne aufgeben.

4. Es erleichtert die Geschichte besonders für junge Kinder, wenn Sie **verschiedene Möglichkeiten** zur Auswahl stellen. Im Beispiel sind diese Alternativen als verschiedene Gedanken dargestellt. Sie können auch in der „Jetzt frage ich dich mal außerhalb der Geschichte etwas"-Haltung Variationen anbieten oder diskutieren und Anna kann entscheiden und weiter erzählen.

Aber jetzt genug der Vorrede, fangen Sie einfach an. Es wird von Mal zu Mal einfacher werden und kann eigentlich nie wirklich schief gehen: Wenn der arme Erwachsene nicht weiter weiß, wird Anna gerne helfen!

Entwickelt sich die Geschichte zu einem heillosen Durcheinander, dann sagen Sie einfach:

„Weißt du was, ich kenn' mich jetzt gar nicht mehr aus, lassen wir den Stefan was anderes machen, ok?" Dann können Sie und Anna – kichernd über Ihren gemeinsam fabrizierten Unsinn – die Köpfe zusammenstecken und einen neuen Anfang machen.

6. Geschichten zum Wachsen für die Zukunft

Geschichten für die zukünftige Selbstüberzeugung

Alles, was Kinder später über sich glauben und wie sie sich selbst beurteilen, entsteht auf der Basis von kleinen und großen Alltagserfahrungen und -geschichten. So wie wir Erwachsene beobachten sie sich selbst, ordnen ein und bewerten die Umgebung und die eigenen Gedanken und Handlungen. Diese Informationen werden im Gehirn und vielleicht auch im Körper gespeichert. Auf der Grundlage solcher Referenzerlebnisse entwickeln sich Selbstwert und Identität. Frühere Erfahrungen beeinflussen, was wir denken und tun. Doch nicht nur das: Sie bestimmen sogar, was wir verstehen und wahrnehmen können – also auch in diesem umfassenden Sinn: was und wer wir sind.

erdrückendes Kettenhemd

stark machender Schutzanzug

Es liegt zu einem großen Teil an den wichtigen Bezugspersonen, aus welchen Fäden sich Anna ihre Identität webt. Sie haben Einfluss darauf, ob dieser Stoff ein erdrückendes Gespinst von Defiziten und Belastungen wird oder ob Anna sich ein Netz der Stärke knüpfen kann. In eine gute Grundstruktur können in Zukunft leichter neue Fäden eingebunden werden, welche die Prinzipien Wachstum und Hoffnung repräsentieren. Ein sehr starkes Netz wird sogar Schicksalsschläge oder schlimme Fehler einigermaßen heil überstehen und ein gutes Weiterleben ermöglichen.

Die Botschaften und Alltagserfahrungen von heute bestimmen mit, was Anna morgen über sich selbst denken wird. Möchten Sie, dass Anna bei einem zukünftigen Problem glaubt: „Wenn ich mich bemühe, wird es sicher am Ende gut für mich ausgehen. Ich bin gut so, wie ich bin", oder soll sie davon überzeugt sein: „Mir passiert nie etwas wirklich Gutes. Ich bin ein Pechvogel. Ich bin tollpatschig ..."? Möchten Sie, dass sich Anna bei der nächsten Anforderungen denkt: „Das schaffe ich sowieso nie!", oder: „Wenn ich mir besonders viel Mühe gebe, kann ich das vielleicht dieses Mal schaffen."? Wie möchten Sie, dass Anna mit einem Misserfolg oder Fehler umgeht: „Ich bin so blöd", oder: „Das kann halt leider passieren, was kann ich daraus lernen"? Eine Aufzählung solcher krank machenden und heilsamen Selbstüberzeugungen finden Sie im Anhang 2.

Ich bin sicher, Sie wollen, dass Anna Gutes über sich denkt (sonst würden Sie nicht dieses Buch lesen). Jedoch zählt in diesem Bereich nicht das, was Sie wollen. Es zählt einzig und allein das, was Anna erlebt, also was Sie und andere Erwachsene wirklich im täglichen Leben tun!

Was hört Anna im Alltag von Ihnen über sich selbst – oder über ein Kind/Tier ..., das in ähnlichen Situationen wie sie steckt? Erlebt sie tatsächlich genug Geschichten bzw. bekommt sie deutliche Botschaften, in denen **praktisch** das transportiert wird, was Sie **theoretisch** Anna mitgeben wollen? Beobachten Sie eine Zeit lang also bitte, wie Sie tatsächlich handeln. Denn wenn Anna nichts von all dem Guten im Alltag hört, wie soll sie's dann von sich glauben können?

Die winzigen, aber tausendfach gehörten Mini-Sätze, -Erlebnisse und -Botschaften im Alltag bilden mit Sicherheit einzelne Fäden, aus denen sich langsam und in Wechselwirkung mit andern Quellen Annas zukünftiges Selbstbild formt. Ein Faden allein zählt nicht, doch tausend Fäden gemeinsam sind schwer zerreißbar!

Die Macht der Mikrogeschichten

Sprache beeinflusst unsere Sicht der Welt, unsere Identität und unsere Wahrnehmung: Wofür es keinen Begriff gibt, das kann auch schwer beobachtet, kaum durchdacht und nicht mitgeteilt werden.

Was man im Gegensatz dazu in der Kindheit oft und oft hört, dem kann man sich kaum entziehen. In den Köpfen von Erwachsenen findet sich manchmal eine Hintergrundstimme im Sinn des Teilekonzepts (14), die das eigene Handeln abwertet oder kritisiert und die nicht so selten als permanenter Kommentar einer nahen Bezugsperson aus der Kindheit identifiziert werden kann.

Welche Aussagen über sich selbst hört Anna also tagtäglich, jahrein und jahraus? Was sind diese einzelnen Fädchen, wo jeder für sich allein genommen völlig unwichtig ist, die in der Summe aber übermächtig werden können?

1. Versteckte Entwertungen

Wie oft hört Anna, dass sie zu klein oder zu groß ist, einen falschen Fuß oder einen zu großen Kopf hat, eine schöne und richtige (und daher wohl auch eine hässliche und falsche) Hand hat, zu laut oder zu leise spricht, zu viel schreit oder zu wenig grüßt, zu schnell oder zu langsam geht …? All das sind negative Bewertungen über ihr Handeln und ihr Sein. Nahezu überall gibt es solche scheinbar unbedeutende und harmlose Redewendungen, die Anna in hundertfacher Alltags-Wiederholung einhämmern, dass sie ein falsch gewachsenes Mängelwesen ist und fast alles schlecht macht. Die so unendlich wichtige Selbst-Sicherheit, dieses tiefe Gefühl „Ich bin gut, ich bin in Ordnung, so wie ich bin!" ist möglicherweise sogar in sehr hohem Maß von solchen indirekten Botschaften und sicher nicht böse gemeinten Gewohnheitssätzen abhängig.

2. Wir statt Ich

Von vielen Erwachsenen wird indirekt und ohne böse Absicht die Identität eines Kindes in Frage gestellt: Wie oft wird Anna durch das magische Wort „wir" verwirrend mitverantwortlich für das Wohlergehen oder Handeln eines anderen Menschen? Wie oft übernehmen Sie durch ein „wir" Mitverantwortung für Annas Schulerfolg, ihre Stimmung oder ihre Krankheit? Was ist so schrecklich daran, „ich" zu sagen? Wann erwächst sich Anna das Recht, mit „du" angesprochen zu werden?

Ich meine, so jung kann doch eine Person gar nicht sein, dass sie darauf nicht ein Anrecht hat. Gleiches gilt für die respektvolle Anerkennung seiner Person und der prinzipiellen Richtigkeit seiner Gefühle, Wünsche und Gedanken. Sie helfen Anna dadurch, zwischen Ich und Du, zwischen eigenen Bedürfnissen und Anforderungen der Umwelt zu unterscheiden und damit eine Wahl treffen zu können.

3. Falsches und Unklares

Baby- und Kleinkindsprache der Bezugspersonen sind für den Spracherwerb und das Sprachverständnis wichtig. Instinktiv entsprechen wir damit der Wahrnehmungsmöglichkeit von Anna. Kindgerecht zu kommunizieren bedeutet allerdings in erster Linie, sich einfach und richtig mitzuteilen. Das heißt nicht, falsch oder allzu vereinfachend (alle Männer sind Onkel, alle Insekten sind Bienen, aus jedem Ball oder Hund wird ein Balli und Hundi) sprechen zu müssen. Doch es beinhaltet manchmal sehr wohl, etwas noch sachlich unvollständig stehen zu lassen, wenn eine solche Erklärung dem vielleicht noch magischen, anschaulichen Denken von Anna entspricht („Warum geht die Sonne auf?" „Damit du was sehen kannst.")

Kaum etwas anderes kann die liebevolle und respektierende Haltung einem Kind gegenüber so eindeutig und einprägsam vermitteln wie die freundliche Verwendung einer positiven, einfachen und richtigen Sprache, die dem Entwicklungsstand und der Vorstellungswelt von Anna angepasst ist.

Wenn Sie auf folgende „Kleinigkeiten" achten, dann lassen Sie damit Anna **winzige, heilsame Mikrogeschichten** zukommen:

Daher nicht:	**Sondern:**
zu 1: Versteckte Entwertungen	
„Du bist zu klein, um den Schalter zu erreichen."	„Der Schalter ist noch zu hoch für dich."
„Die schöne Haube passt dir nicht mehr. Dein Kopf ist zu groß. So ein Mist."	„Die Haube ist dir schon zu klein geworden, weil du so tüchtig gewachsen bist. Jetzt müssen wir (wenn Sie beide tatsächlich gemeinsam gehen!) eine neue kaufen. Leider habe ich diese Woche wenig Zeit, da muss ich mir noch eine Lösung überlegen …"
„Das ist der falsche Fuß."	„Das ist der falsche Schuh für diesen Fuß. Ich hab den Schuh für deinen linken Fuß hergerichtet."
	Am Kind ist alles richtig gewachsen. Ein Kind ist kein Mängelwesen – es ist die Welt, die oft noch nicht passt.
„Du bist immer so laut."	„Sei bitte leiser, ich kann's vor dem Frühstück nicht aushalten, wenn du schreist."
„Du gehst viel zu schnell."	„Ich will/kann nicht so schnell gehen wie du. Bitte warte."
	Das Kind ist nicht unfähig, macht nicht alles falsch, sondern die unterschiedlichen Bedürfnisse passen nicht zusammen.
„Wie kann man nur so blöd sein?!"	„Also, du bist ganz sicher ein richtig kluges Kind – wie ist es passiert, dass du einen Fehler gemacht/darauf vergessen hast? Was kannst du tun, dass es dir nicht noch einmal passiert?"
	Jeder Mensch soll immer gut bleiben dürfen, auch wenn die Handlung vielleicht einmal falsch ist.
zu 2: Wir statt ich	
„Wir sind gut in der Schule. Wir haben auch viel dafür gelernt."	„Du hast viel gelernt und ich bin stolz auf dich." „Du hast so eine gute Note, ich freue mich mit dir. Und ich freue mich für mich, denn ich habe mich bemüht, dir richtig gut zu helfen."
„Der Opa bringt jetzt der Anna gleich das Safti."	„Ich bringe dir gleich den Saft."
	Von Geburt an ICH und DU sagen. WIR nur sagen, wenn's wirklich stimmt.
zu 3. Falsch und unklar	
„Die Mami tut der Anna das Hosi anziehen. Magst du herkommen?"	„Anna, ich will dir jetzt die Hose anziehen. Bitte komm, mein Schatz."
	Kindgerecht heißt einfach, klar und richtig!

Erst wer tatsächlich versucht hat, sich von einem solchen durch und durch automatisierten Satzmuster zu verabschieden, wird merken, wie ungeheuer mächtig manche Formulierungen sind. „Satz" gehört zu „sitzen" – und manches sitzt sehr fest. Wir alle haben solche Sätze als Heranwachsende immer wieder gehört, sie jedoch niemals bewusst als Beschränkung oder Beleidigung wahrgenommen. Es ist diese Gewohnheit, die blind macht für die eigentliche Bedeutung, für die dahinter stehende Botschaft, die dadurch eingeredet wird.

Der stärkste Wille (Hi, hi, hi, hi! Bitte die nachfolgende Geschichte dazu lesen!) wird es nicht möglich machen, uralte und seit Generationen leise schädigende Sprachmuster sofort und vollkommen zu verändern. Glücklicherweise ist das auch nicht notwendig. Es genügt, sich selbst in Alltagsgesprächen hin und wieder ganz genau zuzuhören und **meistens** das Richtige zu sagen. Zumindest im Nachhinein können Sie etwas jederzeit noch einmal verbessern und wiederholen.

Früher, als Sie es vielleicht jetzt für möglich halten, sind es dann sowieso die Kinder selbst, die – nachsichtig wie sie glücklicherweise nun einmal sind – ihre eigene Welt wieder richtig stellen: „Du Papi, natürlich bin ich nicht zu klein für die Schule. Ich bin eh' richtig groß. Die Schule ist leider jetzt noch zu schwer für mich."

Die Macht von Kindergeschichten

Anna webt sich ihr Selbstkonzept einerseits aus den kleinen Fäden alltäglicher Erfahrungen. Andererseits gibt es große, einschneidende Erlebnisse, die sie bei dem, was sie über sich denkt, prägen und über deren Einfluss Sie in Kapitel 4 bereits einiges gelesen haben.

Niemand weiß jedoch, wie groß die Macht von den üblicherweise gelesenen, gesprochenen oder verfilmten Erzählungen auf die zukünftigen Selbstüberzeugungen von Kindern ist.

Möglicherweise ist es diesbezüglich vor allem wichtig, für die verpackten Botschaften wach zu werden, um sich ihnen bewusst anschließen oder entziehen zu können (mehr dazu im folgenden Abschnitt). In jedem Fall werden sich interessante Diskussionen ergeben, wenn Sie Geschichten wie die nun folgende vorlesen.

Zukunftsgeschichte zum Thema Selbstüberzeugung – vom Wollen und Können
(Kindergarten-/Schulalter)

Zum Hintergrund: Einige amerikanische Erfolgsautoren denken, es sei richtig zu vermitteln: „Ich kann alles, wenn ich nur wirklich will." Diese Selbstüberzeugung findet sich auch in manchen Kinderbüchern bzw. -filmen und klingt oberflächlich betrachtet positiv, stärkend und brauchbar.

Aber bedenken Sie, dass damit dieser Wille allmächtig wäre. Oder umgekehrt betrachtet: Zu wenig wirklicher Wille wäre dann an allem schuld. Wenn etwas nicht gelingt, kann es jedoch durchaus sein, dass zum Beispiel das Können – und nicht der Wille – (noch) nicht groß genug ist. Oder das Ziel könnte unpassend gewählt sein etc.

Es war einmal ein kleiner Zwerg. Er lebte lange Zeit glücklich und zufrieden in seiner Zwergenstadt im Zwergenland. Die Zwerge wohnten in Frieden und Freundschaft neben dem Riesenland.

Doch plöööötzlich hörte dieser kleine Zwerg etwas, das ihm aus irgendeinem, sicher wichtigen Grund sehr gefiel. Er hörte den Satz: „Ich kann alles, was ich will." Der kleine Zwerg mochte also diesen Satz und beschloss, nach ihm zu leben. Er dachte von nun an über sich: „Ich kann alles, wenn ich nur wirklich will."

Immer wieder probierte er das aus und übte und übte und übte. Doch er konnte nicht alles, obwohl er wirklich sehr wollte: Der kleine Zwerg schaffte es einfach nicht, immer nur Einser in der Schule zu haben oder immer lustig zu sein. Er konnte nicht fliegen, ja nicht einmal ohne Schlafen oder Essen auskommen. Der kleine Zwerg fühlte sich von Tag zu Tag schlechter und unfähiger. So viel, was er nicht konnte! Ganz verbissen und ernst wurde er. Das kann auch klugen kleinen Zwergen passieren, dass es ihnen so schlecht geht. Immer wieder dachte der kleine Zwerg: „Mein Wille ist noch immer nicht stark genug. Dabei habe ich schon so viel versucht. Ich muss wirklich sehr schwach sein. Was kann ich nur tun, damit ich noch besser wollen kann?" *Eine schwierige Frage, findest du nicht auch?*

Also, der kleine Zwerg dachte und dachte und dachte immer im Kreis herum. Doch plötzlich – zing – hatte er endlich eine neue Idee: Er wanderte zu einem sehr bekannten, sehr weisen Riesen ins Riesennachbarland. Dieser weise Riese würde doch sicher wissen, wie das mit dem Wollen funktioniert. Der weise, starke Riese selbst konnte sicher alles, was er wollte. Der Zwerg ging also zu ihm und erzählte ihm sein Problem: „Wenn ich doch nur mehr Wollen hätte, wenn ich doch nur besser Wollen könnte, dann endlich könnte ich alles können! Mein blöder Wille ist schuld. Er ist einfach zu klein. Ich bin einfach zu klein und zu schwach. Was soll ich tun?"

Der weise Riese dachte gar nicht lange nach. Der weise Riese lachte ganz einfach. Ho, ho, ho, ho! Zuerst leise, dann immer lauter. HO, HO, HO, HO! Dann sagte er dem kleinen Zwerg ein Geheimnis. Eigentlich war es gar kein Geheimnis. Doch es war trotzdem irgendwie geheim, weil aus irgendeinem merkwürdigen Grund niemals jemand davon sprach. Vielleicht war es ja auch nur vergessen worden, oder es war nicht modern. Der Riese sagte also: „Ach, lieber kleiner Zwerg. Da hat jemand die Wörter im Satz aus Versehen verwechselt. Ich glaube der Satz geht so: Ich will alles, was ich kann!" Da schaute der Zwerg verdutzt und dann lachte auch er, denn so ein Satz passte viel besser! Hi, hi, hi, hi! Ho, ho, ho, ho!

Während der große kleine Zwerg nach Hause wanderte, lachte und dachte er ganz vergnügt und leicht vor sich hin: „Ich will noch mehr verborgene Schätze finden, denn das kann ich gut. Ich will mir noch mehr Späße einfallen lassen, denn das macht mir und anderen Freude. Ich will diesen Purzelbaum-Trick lernen, denn ich glaube, den kann ich irgendwann einmal können!"

Nun lebte der große kleine Zwerg glücklich und zufrieden und – wie es Zwergenart ist – immer und ewig weiter. *Was denkst du, wie der Satz richtig gehört?*

Geschichten für das zukünftige Ziel- und Sinnbild

Geschichten, die die Zukunft und den Sinn unseres Menschenlebens fassbar machen, sind die erfolgreichsten von allen. Religionsgründer, Wissenschaftlerinnen, therapeutische Schulen, Wirtschafts- und Zukunftsforscher ... propagieren verschiedenste Prognosen, Sinnzusammenhänge und Erklärungen über die Sinnhaftigkeit und das Ziel der Welt, eines Menschenlebens oder der Menschheit.

Das sind nichts anderes als Geschichten, die auch Erwachsene bewegen, weil sie Antworten auf die brennende Frage nach dem Wozu anbieten, die im Menschen spätestens dann auftauchen kann, wenn die Grundbedürfnisse gestillt oder alte Vorstellungen erschüttert sind und die danach nie wieder völlig vergessen wird. Solche Zukunftsgeschichten gehen um die Welt, als Religionen oder Werte-, Wirtschafts- und Wissenschaftssysteme.

In diesem Kapitel möchte ich Ihre Aufmerksamkeit auf die Sinn-Botschaften lenken, die in Kindergeschichten verpackt sein können. Allerdings formen sogar die bedeutendsten Geschichten, die durch Sie, in der Schule, durch Freunde, in Büchern oder im Fernsehen transportiert werden, nur zu einem (mehr oder weniger großen) Teil das Denken von Anna. Weit mehr vermittelt Ihre Art zu leben eine Form von Glaubenssystem: Wozu bin ich auf der Welt, was ist das Ziel, was kommt nach dem Leben, was macht ein guter Mensch, was ist richtig und falsch ...?

Auch wenn Sie mit Anna niemals direkt darüber sprechen, beeinflussen Sie schon allein dadurch, weil Sie als ein für Anna wichtiger Mensch Verhaltensweisen vorleben oder Handlungen anderer bewerten. Sie können das gar nicht nicht tun. Handlungen zählen (nicht nur) in dieser Beziehung sogar mehr als Worte. So konnte die Entwicklungspsychologie zum Beispiel nachweisen, dass Eltern schon vor der Geburt als Modell und Vorbild dienen: Neugeborene lallen bereits mit der typischen Sprachmelodie ihrer Muttersprache. Mit jedem Tag auf der Welt wird das mehr. „Etwa ab 6 Monate orientieren sich die Kinder auch *an der Blickrichtung* des Erwachsenen, um ihre eigene Aufmerksamkeit auszurichten." (15)

In Kindergeschichten werden diesbezügliche Frage- und Antwortmöglichkeiten dadurch transportiert, dass die Handlungsträger – Menschen, Tiere, Dinge – ihren Lebenssinn finden. Der Held in der Geschichte steht vor einem Problem und findet eine Lösung: Aber ist es eine gute Lösung? Warum ist es eine gute Lösung? Welcher (moralische)

Wert steckt hinter diesem Handlungsablauf, der als erfolgreich dargestellt wird? Welche Antwort wird auf die Frage „Wozu lebt man, was macht ein Leben oder einen Tag sinn- und wertvoll?" gegeben?

Jede Geschichte, die Sie in diesem Buch oder anderswo finden, beinhaltet – möglicherweise neben vielen anderen Botschaften – direkt oder indirekt diese Zielfragen. Dadurch bildet sich in Kindern noch vor jeder bewussten Auseinandersetzung ein Gefühl für falsch und richtig, gut und schlecht.

Versuchen Sie gemeinsam mit Anna herauszufinden, was in den verschiedenen Geschichten jeweils als der Sinn des Lebens transportiert wird. Stellen Sie dazu nicht die Frage: „Warum macht Schneewittchen das?", denn damit forschen Sie nach den Ursachen, Motiven, Bedürfnissen und alten Lernerfahrungen. Überlegen Sie und Anna lieber „Wozu macht Schneewittchen das?" und fragen damit nach dem Ziel hinter ihren Handlungen und Entscheidungen, nach dem, was sie damit erreichen will oder kann: Ihr gutes Herz bewahren? Keine Strafe bekommen?

Grimms Märchen (16) enden häufig mit der Botschaft „... lebten vergnügt bis an ihren Tod" oder mit der Bestrafung des Bösen. Ein möglichst glückliches Leben oder der Sieg über die Feinde wird dadurch indirekt als wichtiges Ziel formuliert. Allerdings gehen Märchen in der Regel nicht so sehr auf diesen Aspekt ein, weil meistens Überlebens- und Entwicklungskämpfe geschildert werden – und in solchen Lebensphasen kann die Frage nach den übergeordneten Zielen in den Hintergrund treten, weil Überleben immer höchste Priorität hat.

In manchen Zeichentrickseriengeschichten geht es in 1000facher Wiederholung darum, dass ewiger Kampf und ewige Herausforderung – „der Stärkste werden und bleiben" – der Sinn des Lebens ist. „Den Schwachen und Unschuldigen helfen" – mit oder ohne „den Kampf gegen die Bösen" – ist wiederum in Action-Sendungen eine gängige Sinnbotschaft; oder „fremde Welten zu erforschen" wie in Weltraumserien.

Die Geschichte vom kleinen „Ich bin ich" erzählt dagegen von dem Ziel der Selbstbestimmung: herauszufinden und festzulegen, wer man selber ist. „Die Biene Maya" oder „Heidi" berichten von Handlungsträgern, die den für sie richtigen Lebensraum finden, entgegen den vorherrschenden Ansichten, was für kleine Bienen oder kleine Mädchen richtig zu sein hat. Die eigene Bestimmung zu finden, was immer auch das sein mag, ist allgemein ein beliebtes Thema, nicht nur in unserer heutigen Kultur.

Detektivgeschichten wiederum behaupten indirekt, der Sinn des Lebens ist es, Rätsel zu lösen und der Wahrheit zum Sieg zu verhelfen. In vielen von Thomas Brezinas Büchern (17) geht es zusätzlich unter anderem darum, die eigenen, besonderen Fähigkeiten im Team zu entwickeln und einzusetzen.

Vergessen werden dürfen natürlich nicht die Liebesgeschichten, wo als höchstes aller Ziele gilt, den richtigen Lebenspartner zu finden.

Immer gibt es neben den eher vordergründigen Botschaften auch viele dahinter liegende: fremde Welten erforschen **und** Verbündete finden **und** Macht haben. Böses bekämpfen **und** Geld/Ruhm/Freunde … bekommen. Eigene Bestimmung finden **und** mehr selbstbestimmten Spaß **und** weniger fremdbestimmte Arbeit haben wollen … Jedes Ding hat mindestens zwei Seiten!

Zukunftsgeschichte: „Sich wirklich gut fühlen" als Sinn des Lebens

(Kindergarten-/Schulalter)

Es war einmal in ferner, ferner Vergangenheit ein kleines Wolkenmädchen. Es hieß Wolki und lebte eigentlich ganz gut, nicht besonders glücklich, aber auch ohne besonderen Grund zum Unglücklichsein, oben am Himmel. Wolki zog so hin und zog so her und dachte nicht nach und wusste nicht, warum und wozu.

Eines Tages passierte etwas Neues: Wolki beobachtete durch ein Fenster in einem Menschenhaus eine wilde Action-Fernsehserie. Etwas daran gefiel ihr und sie begann auch damit, andere Wolken zu bekämpfen. Zuerst nur ein bisschen und im Spaß. Dann immer mehr und immer mehr. Immer öfter wollte sie gewinnen und deswegen kämpfte und kämpfte sie. Eine richtige Kampfgewitterwolke war aus ihr geworden. Manche kämpften gerne mit ihr, aber für manche anderen Wolken war es schrecklich. Denn viele wollten gar nicht gegen das kleine Wolkenmädchen verlieren oder gewinnen, viele wollten nämlich nur eine gute Zeit mit ihr verbringen, ganz ohne Kampf. Doch die kleine Wolke wollte immer nur siegen und machte sogar aus dem Schweben oder Wasserdampf-Essen oder aus dem In-die-Wolkenschule-Gehen einen Kampf.

Wolki wollte lange Zeit selbst nicht bemerken, was los war. Irgendwann sah sie jedoch, dass sie gar nicht mehr aufhören konnte zu kämpfen. Nicht einmal wolkenkuscheln konnte sie, sofort begann zumindest ein Spaßraufen. So arg war das. Daher geschah es, dass das Wolkenmädchen zwar von Tag zu Tag stärker wurde – denn kämpfen trainiert natürlich sehr gut –, aber auch von Tag zu Tag unglücklicher.

Doch dann, in einer ganz normalen Nacht, hatte Wolki einen besonderen Traum. Vor langer Zeit hatte sie einmal vom Himmel herab Delfine im Meer gesehen. In diesem besonderen Traum war sie selbst so leicht und stark und lebendig wie ein Delfin. Sie schwebte durchs Wasser und schnellte meterhoch in die Luft. Sie tanzte und spielte. Sie fühlte sich stark und sicher. Sie hatte überhaupt keine Lust zu kämpfen und zu siegen. Nach dem Traum erwachte Wolki. Sie blieb noch eine Weile in ihrem kuscheligen und warmen Wolkenbett und dachte nach: „Wozu kämpfe ich? Natürlich damit ich gewinne! Denn: Wenn ich einen anderen schwach machen kann, wenn ich also gewinne, dann fühle ich mich mächtig stark und gut! Fühle ich mich ohne Gewinnen nicht stark? Eigentlich nicht, dann werde ich gleich so klein, schwach und traurig und es ist so, als hätte alles keinen Sinn.

Deswegen mag ich also so gern gewinnen, eh klar! Das ist ja auch klug von mir. Aber irgendwie hält das gute Gefühl nach einem Kampf nicht lange. Manchmal habe ich ein gutes Gefühl und ein schlechtes Gefühl gleichzeitig. Das passiert, wenn ich gegen die lieben Wolken kämpfe, die dann böse auf mich sind, weil sie nicht kämpfen wollten. Das Kämpfen hat dann keinen Sinn. Aber wie kann ich denn sonst noch ein starkes, gutes Gefühl bekommen? Was kann ich noch machen, denn ich will mich natürlich gut fühlen?"

Mit dieser wirklich guten Frage im Kopf stand das kleine Wolkenmädchen auf. Mit dieser Frage im Herzen schwebte Wolki durch den Tag, zog hin und her, immer bereit zu spüren, was in ihr ein Delfin-Gefühl machte. Sie versuchte vieles und merkte sich alle guten Sachen. Am Abend wusste sie schon einiges, was man tun kann, damit ein wirklich gutes Gefühl kommt. So zog und schwebte Wolki stark und glücklich und zufrieden weiter und erlebte noch viele schöne und aufregende Tage. (Vielleicht ergibt sich eine Diskussion, mit welchen verschiedenen Dingen/Tätigkeiten das Wolkenmädchen, Sie und Anna sich ein gutes Gefühl machen können. Oder überlegen Sie gemeinsam, welchen anderen „Sinn des Lebens" eine Wolke finden könnte.)

Besonderheiten

Keine Abwertungen!

Meiner Überzeugung nach ist es vor allem wichtig, einen Sinn und somit eine Richtschnur für sein Leben zu finden und zu haben. Welchen, das ist bis zu einem gewissen Grad zweitrangig. Wichtig ist auch, diese Richtung wieder verändern zu können, wenn neue innere oder äußere Umstände das erfordern: Jeder Leistungssportler hat für eine gewisse Zeit seines Lebens *Kampf und Sieg* als Sinn seines Lebens; viele Menschen haben Phasen, in denen *schön sein* oder *beliebt sein* die vorrangigen Ziele sind – lassen Sie das in Ordnung sein, auch wenn es nie Ihre Ziele waren!

Sie tun gut daran, **niemals den Sinn, den jemand findet, zu verteufeln, lächerlich zu machen oder abzuwerten.**

Anna wird sonst in schreckliche innere Konflikte gestürzt werden, wenn sie einmal ein von Ihnen schlecht oder lächerlich gemachtes Ziel anstrebt. Sie wird es vielleicht dann trotz Ihrer Entwertung verfolgen, es möglicherweise geheim halten und entweder sich selbst oder Sie abwerten. Oder Anna verzichtet entgegen ihrer innersten Überzeugung auf die Erfüllung eines Ziels und trauert dem ewig nach, ist böse auf sich oder auf Sie. Häufig wird eine selbstbewusste Anna in den offenen Widerstand gehen, sich um jeden Preis abgrenzen und schlimmstenfalls aus einer Jetzt-erst-recht-Haltung heraus Entscheidungen treffen, die ihr in Wahrheit gar nicht entsprechen.

Wenn Anna z. B. längere Zeit bei einer Ihrer Meinung nach schrecklichen Fernsehgeschichte bleibt, überlegen Sie, was genau sie dadurch bekommen könnte. Was daran ist es, das sie so fasziniert? Kann Sie dann mit Gleichaltrigen besser diskutieren und bekommt Anerkennung? Will sie die Familie ärgern? Findet Sie die Kleidung dort cool?

Jede erfolgreiche Geschichte beinhaltet unter anderem etwas Wertvolles/Notwendiges, sonst wäre sie nicht beliebt! Vielleicht können Sie ihr gleichwertige Alternativen dafür anbieten.

Die Gefahr dabei ist selbstverständlich, dass neben diesem Guten eine Menge an Negativem oder Fragwürdigem mittransportiert wird. Werbung hat für Kinder hohen Unterhaltungswert (sie erzählt Kurzgeschichten!), hat als eigentlichen Sinn natürlich den Verkauf. Sie können Anna für diesen Sinnaspekt sensibilisieren, indem Sie interessante Diskussionen darüber anfangen.

Letztendlich soll das Ziel hinter einer Sinn-Diskussion nicht sein, Anna von Ihrem Lebenssinn zu überzeugen. Denn erwiesenermaßen muss diesen jeder Mensch für sich selber finden (18). Ziel ist es zu sensibilisieren und Möglichkeiten vorzustellen, damit ein Kind das als kreative Anregung für eigene Gedanken verwenden kann.

Beziehen Sie Stellung!

Selbstverständlich sind Sie gefordert, einen Standpunkt zu finden und Ihre eigene Meinung auch zu vertreten und zu begründen: „Ich finde das nicht richtig, nicht sinnvoll … Ich kann mir nicht vorstellen, welchen Sinn dieses Verhalten haben soll; was könnte denn da dahinter stecken, was denkst du?", nicht „Das ist blöd, schlecht, lächerlich …" Dazu gehört auch die saubere Trennung zwischen dem Ziel hinter einer Handlung und dem Weg dazu: „Es ist in Ordnung, wenn man reich sein will, damit man in Sicherheit/gut … leben kann. Es ist überhaupt nicht in Ordnung, deswegen zu stehlen."

Dabei können Sie mit der Vermittlung Ihrer Meinung Anna ermutigen, auch eine eigene Stellungnahme abzugeben.

Wenn Sie also zu einer Geschichte, die eine Ihrer Ansicht nach negative Sinnbotschaft vermittelt, klar Stellung beziehen, ist das eine kreative Anregung für Ihre Anna, selbst in einfachster Form zu reflektieren und sich eine eigene Meinung zu bilden: „Dass die Figuren in dieser Zeichentrickserie immer nur kämpfen müssen, das finde ich irgendwie falsch. Ich finde es schrecklich, wenn ein Leben nur aus Kampf besteht und wenn es immer nur um Gewinnen geht. Da muss man sich ja immer einen Feind suchen. Was denkst du darüber?" Oder: „Bei Tom und Jerry kenn ich mich nicht aus: Da kann jeder sehen, dass die zwei ganz fest zusammengehören. Aber dann sekkieren sie sich die ganze Zeit und sind schadenfroh. Wollen die ihre Freundschaft kaputt machen, oder was glaubst du, wozu sie das tun? Ich finde es ein fades Leben, wenn die Schadenfreude die einzige Freude ist. Aber vielleicht ist da auch etwas Gutes versteckt. Was denkst du?"

Natürlich kann Anna anderer Meinung sein oder sagen „… aber das ist ja nur ein Spiel/Film!" Sie hat selbstverständlich das Recht, jede Diskussion damit zu beenden.

Ihre wertvolle Frage jedoch kann – wenn sie neutral gestellt ist und keine unterschwellige Entwertung wie „Du bist dumm, wenn du dir so was anschaust" mitschwingt – in Annas Kopf bleiben und sie wird die Sendung anders sehen als vorher!

Halten Sie keine Reden zum Sinn des Lebens!
Zum Philosophieren ist Anna in jedem Fall noch zu jung. Diskussionen, die länger als ein paar Minuten dauern, sind zu lang, ermüden oder fördern Kampfgespräche. Bei diesen geht es dann nicht mehr um die Darstellung verschiedener Meinungen, sondern um Sieg oder Abgrenzung. Das sind zwar auch sinnvolle Ziele, sollten aber nicht mit einem so wertvollen Inhalt kombiniert werden: Kampfgespräche kann man herrlich um Zahnbürsten oder CDs führen!

Sie können Anna mit entsprechenden Geschichten selbstverständlich hin und wieder Ihre ureigenste Überzeugung vor Augen führen. Übrigens, was ist Ihr Lebenssinn (18): Viele glückliche Momente haben? Gesundheit? Das Bestmögliche aus sich selbst machen? Geld haben – aber wozu: ist es Sicherheit, Anerkennung, Genuss? Anderen Menschen helfen – wozu genau: Anerkennung, Nähe, Elternerwartung, religiöse Überzeugung? …

Erzählen Sie jedoch besonders diese Geschichten **ohne erhobenen Zeigefinger**, nicht predigend, mahnend, zwingend, prophetisch oder allzu euphorisch! Ihr Lebenssinn ist nicht mehr und nicht weniger als eine wertvolle Möglichkeit unter vielen.

Ein Zeigefinger jedoch ist schon ein wichtiges Symbol: Verschenken Sie solche Geschichten mit einem **Zeigefinger, der eine Richtung weist**! An diesem entlang kann ein Kind schauen und sehen: So etwas gibt es also auch! Wussten Sie, dass schon Krabbelkinder ab dem 9. Lebensmonat die Geste der zeigenden Hand verstehen und die Linie des Armes oder des Fingers visuell verlängern, um dorthin schauen zu können, worauf gezeigt wird? Einige Kinder beginnen in diesem Alter bereits, selbst die Zeigegeste zu verwenden und versichern sich durch Rückblicke, ob der Erwachsene auch wirklich hinschaut (19). Eine enorme Leistung für ein so junges Menschenkindergehirn! Der richtungs-weisende Erwachsene muss entwicklungsgeschichtlich eine wichtige Funktion haben, sonst würden Kinder diese Fähigkeit nicht so früh beherrschen!

Geschichten für zukünftige Problemlösungen

Geschichten sind eine hervorragende Möglichkeit, Lösungsstrategien für die Zukunft vorzuschlagen, wobei prinzipiell jede der beschriebenen Vergangenheitsgeschichten in Kapitel 4 auch einen Zukunftsaspekt beinhaltet: Ein sicher verankerter Lösungsweg kommt vielleicht wieder in den Sinn, wenn man vor einem ähnlichen Problem steht.

Lösungsweg-Geschichten

Für zukünftige Schwierigkeiten oder Veränderungen

Wenn eine Veränderung oder ein belastendes oder schönes Ereignis bevorsteht, können Sie Anna direkt darauf vorbereiten, indem Sie Bücher besorgen oder Geschichten erfinden, wo einem Handlungsträger etwas Ähnliches passiert.

Gehen Sie am besten dazu in die nächste Bücherei. Es gibt für nahezu jedes Lebensalter und Lebensthema wie Scheidung, Geburt, Tod, Kindergarten, Krankenhaus … passende Kinderliteratur. Wenn Sie diese anhand der Informationen aus den Kapiteln 3 und 4 umgestalten oder entsprechend neu formulieren, sodass die Kriterien Identifikation und Sicherheit erfüllt sind, können Sie einiges dafür tun, damit Schreck und Trauma gar nicht passieren oder zumindest etwas leichter verkraftet werden können.

Die möglicherweise auftretenden Sorgen, Ängste und Fragen werden als Möglichkeiten eingebaut, damit angekündigt und zugleich normalisiert oder beantwortet. Damit kann man die Belastung zu einem kleinen Teil vorweg-nehmen. Hier sind auch – ähnlich wie bei der interaktiven Erzählweise – Fragen angemessen: „Was glaubst du, wird X jetzt tun? Wovor könnte X am meisten Angst haben? Es könnte sein, dass X sich Sorgen macht – worüber vielleicht? Was könnte er da über sich denken?"

Mit Zukunftsgeschichten können Sie außerdem gezielt hilfreiche, allgemein gültige Botschaften vermitteln:

Reden hilft! Vier Augen sehen mehr als zwei!
Es gibt immer mehr als zwei Möglichkeiten!
Manchmal muss man sich von alten Zielen verabschieden, um den richtigen Weg zu finden!
Manchmal muss man etwas nur lang genug aushalten, um zu gewinnen!

Für aktuelle Probleme

Wenn Anna sich in der Gegenwart mit einem belastenden Ereignis oder Verhalten herumschlagen muss, dann können Sie Ihre Hilfestellung entweder nach den vermutlichen Ursachen oder nach den möglichen Zielen der Handlung ausrichten.

Denn jede Handlung beinhaltet

Ursache	Weg	Ziel
Warum? Welche Bedürfnisse oder alten Erfahrungen stecken dahinter? →	*Wie?* Was tut wer, wann, womit …? →	*Wozu?* Was soll damit erreicht werden?

Kleiner Tipp am Rande: Das Problemverhalten selbst betrifft das Wie. Dabei reicht es manchmal schon, das eigene Wie zu variieren, um ein Kind auf einen anderen Weg zu bringen. Sie sollten niemals wie ein Roboter immer gleich auf eine unerwünschte Handlung reagieren, sondern neuartige Verhaltenswege als Erster wagen.

Sie können versuchen, das Warum, also die in der **Vergangenheit** liegenden Ursachen des Problems zu ergründen. Wenn Sie dazu eine Theorie haben, verpacken Sie diese in die Form einer Traumageschichte und bieten zugleich – so wie im Kapitel 4 beschrieben – einen Lösungsweg an.

Sehr häufig werden Sie keine Frage auf dieses Warum finden. Dann quälen Sie weder sich noch Anna mit dieser vergeblichen Mühe. Besser ist es, sich von dieser Ursachensuche ein für allemal zu verabschieden und sich auf den **Zielbereich** zu konzentrieren: Welcher Sinn steckt hinter einem Verhalten? Dazu empfehle ich, sich mit der Idee der Teile-Geschichte näher zu befassen.

Teile-Geschichten

Dies ist ein Ansatz, der meiner Erfahrung nach besonders geeignet ist, in Geschichten heilsam Verwendung zu finden: Vermutlich haben Sie bereits einmal beobachten können, dass in uns Menschen eine innere Diskussion abläuft. Man kann sich unsere Persönlichkeit so wie ein inneres Team vorstellen (20). Da gibt es einen *Dirigenten* (= Persönlichkeitskern, Ich) und verschiedene *Orchestermusiker* (den vernünftigen, den chaotischen, den kindlichen, den mütterlichen … Teil in uns).

Diese Teile verhandeln und arbeiten gedanklich miteinander ähnlich wie in einer gut funktionierenden Firma, um die eigenen Fähigkeiten einzubringen und dem *Chef* die richtige Führung und die richtigen Entscheidungen zu ermöglichen und davon wieder ihrerseits zu profitieren.

Ein Beispiel: Möglicherweise diskutiert auch bei Ihnen manchmal am Morgen der Teil *Genießer* (manchmal ist dieser Teil so extrem, dass er wie ein *Faulpelz* aussieht) mit dem Teil *Vernunft*, ob es denn wirklich schon Zeit zum Aufstehen ist oder ob man vielleicht nur heute, vielleicht ausnahmsweise noch fünf Minuten …

Dabei können Sie im Regelfall (bei einem in psychisch halbwegs gesunden Bedingungen aufgewachsenen Menschen) davon ausgehen, dass jeder Teil der *Chefin* und somit der Gesamtpersönlichkeit eigentlich etwas Gutes will. Um bei unserem Beispiel vom Aufstehen zu bleiben: Der *Genießer* will etwas Gutes tun, indem er angenehme und wohlige fünf Minuten voller Entspannung und Wärme organisieren möchte. Der Teil *Vernunft* will Stress ersparen und ermöglichen, dass getan wird, was getan werden muss, um den Arbeitsplatz zu erhalten. Diese beiden können einander bekriegen, unterdrücken, verbannen … oder miteinander in konstruktive Verhandlungen treten und die *Chefin* optimal beraten.

Bei Kindern ist dieses Wollen von zwei gegensätzlichen Dingen zeitweise sehr stark ausgeprägt und gleichzeitig besonders schwer auszuhalten – für das Kind selbst und auch für seine Umgebung. Daher wird es durchwegs als entlastend erlebt, wenn Kindern angeboten wird, die lästigen Verhaltensweisen als getrennte Teile mit jeweils eingenen Zielen zu behandeln.

Ziel ist es, Anna Problemlösungsmöglichkeiten in direkter oder indirekter Form anzubieten, indem ein solcher Persönlichkeitsanteil oder ein Team von solchen Teilen Annas Problem darstellt und löst. Anna kann diesen Teil bewusst kennen lernen (direkte Form), oder Sie erzählen eine solche Geschichte ganz ohne Zusatzerklärung (indirekte Form): Anna wird sich schon nehmen, was sie davon brauchen kann.

Aufbau – direkte Form

1. Namensgebung
Können Sie sich noch an das Märchen vom Rumpelstilzchen erinnern? Wer den richtigen Namen des bösen Geists herausfindet, der kann ihn verjagen.

Geben Sie daher dem Teil, den Anna nicht unter Kontrolle hat, einen passenden Namen. Es darf niemals (auf Dauer) ein böser Schimpfname sein! Vielleicht fällt Ihnen oder Anna eine bereits bekannte Figur dazu ein, oder man denkt sich einen Phantasienamen (*Hudriwutz*) oder einen Funktionsnamen (*der Aufpasser*) aus.

Problemlösungsgeschichte/Teile: Willi, der Genießer

Ich glaube, bei dir wohnt auch so ein kleiner Genießer wie der *Willi*. Der ist eigentlich ganz lieb und nützlich, aber manchmal verhindert er, dass du schaffst, was du dir vorgenommen hast.

2. Beschreibung
Anna soll diesem Teil ein Alter zuordnen, ein Geschlecht, ein Aussehen …

… Der *Willi* schaut genauso aus wie der Freund von Biene Maya.

Sie können dann gemeinsam ein Symbol oder ein Stofftier besorgen. Anna kann Ihren *Willi* aufzeichnen und ihm einen bestimmten Schlafplatz geben.

3. Zielsuche
Finden Sie gemeinsam heraus, was dieser Teil eigentlich wirklich will: Wozu könnte denn sein Verhalten gut sein, welches Ziel will er für Anna – vielleicht mit ungeeigneten Mitteln – erreichen? Es steckt in der Regel immer (auch) eine positive Absicht hinter

dem Verhalten eines inneren Teils, auch wenn das auf den ersten und zweiten Blick nicht sichtbar ist.

... Ich denke, dein *Willi* will – fast genauso wie bei der Biene Maya – dass du dich nicht überanstrengst, immer genug isst und schläfst, vorsichtig bist und keine zu anstrengenden Abenteuer erlebst. Das Wichtigste ist aber deinem *Willi*, dass du ganz viel Spaß hast. Daher will er auch verhindern, dass du die Hausübung machst. Er ist nicht böse, er übertreibt es nur mit seiner Fürsorge ...

4. Diskussion
Jetzt können Sie, Anna und dieser Anteil in Verhandlung oder Diskussion treten: Wie kann dieser Teil sicher sein, dass sein eigentlich gutes Ziel auch erfüllt wird? Dann könnte er in Zukunft nämlich ruhig zuschauen, wenn Anna ihre eigene Chefin ist und tut, wofür sie sich entschieden hat. Dieser Teil soll bei zukünftigen Entscheidungen als Ratgeber dienen. Anna kann ja für ihn sprechen, sie selbst kennt ihn am besten:

... Du sagst, du willst nach dem Mittagessen die ganze Zeit lernen. Was sagt denn da dein kleiner Freund *Willi* dazu? Wird er dich lernen lassen oder hat er dann wieder Sorge, dass du zu wenig Spaß am Nachmittag hast? Wie könntest du dir Spaß in den Nachmittag holen und trotzdem lernen? ... (Willi sagt, er will spielen.) Was denkt *Willi*, vielleicht 1/2 Std. lernen, dann spielen wir 10 Minuten „Blinde Kuh", dann wieder lernen, dann wieder spielen? Weil der *Willi* weiß, dass du bald wieder spielen wirst, lässt er dich lernen. Passt das? Was würde jetzt *Willi* dazu sagen, wenn er sprechen könnte? ... (Willi denkt, das passt!)

5. Lösung
Das Ende der Geschichte soll so gestaltet sein, dass Anna die Kontrolle über diesen Teil hat und in ihm einen Begleiter, Diener, Ratgeber findet, auf dessen Meinung sie hören kann, ohne sich tyrannisieren zu lassen.

Besonderheiten

Es ist ein Lösungsansatz, der Anna mit Augenzwinkern nahe gebracht wird:

Problemlösungsgeschichte/Teile: Tiger, der ärgern will

... Ich glaube, in dir wohnt auch so ein listiger und lustiger *Tiger*, genauso wie bei Winnie-Puh, der gern andere sekkiert und austrixt. So was kann eine ganz gute Hilfe sein: mit ihm ist es nie fad, er hat immer einen Schabernack im Kopf. Er kann dich auch gut vor anstrengenden Leuten schützen. Und wenn er so richtig lästig ist, kriegt er fast alles, was er will. Nur leider sehe ich, dass er manchmal stärker wird als du selbst. Dann kannst du ihn gar nicht mehr loswerden, das ist dann nicht mehr lustig …

In den allermeisten Fällen gefällt Anna der Gedanke an so einen *Tiger*. Sie wird ihn aufgreifen und weiterspinnen. Wenn nicht, gilt auch hier: niemals zwingen und nicht drängen. Wenn für Anna diese direkte Form der Problemlösung derzeit nicht passt, können Sie indirekt eine Geschichte dazu anbieten, wie es im nächsten Kapitel beschrieben wird.

Diese Vorgangsweise ist besonders deshalb eine gute Möglichkeit, weil es in der Regel um einen Teil geht, den Anna eigentlich vom Bewusstsein her bekämpfen oder zumindest kontrollieren will. Niemand möchte faul oder gemein sein. Über Erziehungsvorträge erreichen Sie lediglich, dass Anna nicht nur unter einer ungünstigen Gewohnheit leidet, sondern auch unter der Selbstüberzeugung: „Ich bin willensschwach, schlecht, faul, gemein, verantwortungslos …"

Menschen brauchen es zur Problemlösung, dass sie etwas **Abstand zwischen sich und ein unerwünschtes Verhalten** bringen können. Dieses wird dadurch zu einem symbolisch außen liegenden Verhandlungs- und Kampfpartner, der eventuell auch von der ganzen Familie gemeinsam erzogen werden kann.

Wenn dieser Teil benannt, fassbar, mit eigenen Eigenschaften und einem eigenen Willen ausgestattet wird, trennt ihn das von Anna. Damit wird Anna psychisch enorm entlastet, denn nun ist das Problem nicht mehr in Anna (die zappelig, faul, schlampig geschimpft wird und sich vermutlich bereits selber so schimpft), sondern etwas außerhalb, das alle gemeinsam unter Kontrolle bringen wollen. Anna selbst bleibt ein gutes Kind, sie ist in Ordnung so, wie sie ist, hat aber mit einem lästigen Verhalten zu kämpfen.

Statt einer faulen Anna gibt es dann plötzlich vielleicht Anna und ihre *Bremserin*. Beim ersten Blick ist das einfach ein bequemer Teil, welcher die „übrige Anna" dazu bringt, vorm Fernsehen sitzen zu bleiben. Doch besonders Faulheit ist zuerst immer scheinbar ein Feind und kann erst dann zum wertvollen Teammitglied werden, wenn ihr wichtiges, verborgenes Ziel erkannt wird.

Wann ist die *Bremserin* zu Anna gekommen? Mit Schulbeginn? Dann ist sie vielleicht jene, die Anna eine berechtigte Pause verschaffen will, weil sie so erschöpft ist. Die Gegenspielerin zum *Arbeitstier*, das es immer gerne jedem Recht macht, aber im Moment nicht mehr kann.

Oder die *Bremserin* verhindert, dass Anna sofort bei jedem Unsinn dabei ist, weil sie zuerst einmal nicht reagiert. Erspart viel Kummer, sollte aber zu- und wegschaltbar werden!

Möglicherweise ist sie in Wahrheit eine *Konzentrations-Künstlerin*, die alles ausblenden kann, was sie im Moment nicht hören will.

Danach kann die konstruktive Zusammenarbeit mit der Frage beginnen: Wie kann Anna ihre *Bremserin/Konzentrationskünstlerin* gut steuern lernen?

Vordergründig haben Sie ein schlampiges Kind? Schrecklich, wenn dieses vermutlich vorübergehende Verhalten fix als Eigenschaft in das zukünftige Selbstbild von Anna aufgenommen werden würde!

Dann ist es schon besser, bei Ihnen daheim wohnt derzeit die *Chaosfrau*, die es immer wieder schafft, vom restlichen Kind fast unbemerkt die Kleider auf den Boden zu schmeißen. Wenn man sich mit der *Chaosfrau* erst einmal unterhalten kann, vielleicht ändert sich dann sofort ihr Name:

Eigentlich ist sie nämlich eine *Zeitwächterin*, die glaubt, Ordnung kostet zu viel Zeit. Ist das einmal erkannt, dann kann man diesen Teil hervorragend für die Entwicklung eines passenden Ordnungssystems nutzen.

Oder ist sie eine *kreative Künstlerin*, die in Gedanken schon beim nächsten Spiel ist? Geschichten über die Zukunft behandeln dann das Thema: Wie die *Künstlerin* zur kreativen Freundin mit eigenem Betätigungsfeld (zeichnen, Aufsätze ausdenken, extra Chaos-Ecke verwalten) geworden ist.

Wichtig ist es, **keinen Teil aus dem Team zu werfen, zu vernichten oder auf Dauer zu entwerten**, denn **jeder will auch etwas Gutes**. Daher darf auch kein Persönlichkeitsanteil auf Dauer mit einem negativen Namen oder Schimpfnamen bezeichnet werden, auch wenn Anna das in ihrer berechtigten Empörung (denn sie selbst hat ja ständig die Nachteile zu ertragen) tun will.

Natürlich ist es nicht ganz einfach, diese gute Absicht herauszufinden:

... Du, vielleicht ist es so, dass der *Tiger* als Erster merkt, wenn in dir ein Ärger kommt. Oder der *Tiger* tut das, weil er einen Zweifel hat, ob ich Anna genauso lieb hat wie deinen Bruder Maxi. Was denkst du dazu? ... (Weiß nicht). Hm, was muss wohl der *Tiger* sehen, damit er mir glaubt, dass ich jedes Kind ganz lieb habe? Aber vielleicht denke ich auch nicht richtig. Kannst du ihn mal fragen, warum er manchmal so überlästig ist? ...

Lieber Erwachsener, Sie brauchen nur eben mal den *Tiger* fragen, was los ist. Anna wird ihm sicher gerne ihre Stimme borgen!

Wenn es gar nicht anders geht, kann man dem *Tiger* natürlich etwas ganz klar verbieten:

... Ich kann es nicht aushalten, wenn der *Tiger* dir oder deinem Bruder weh tut. Das erlaube ich nicht. Wie können wir ihm helfen, dass er das, was er sagen will, anders sagt. Vielleicht kannst du die Tiger-Sprache besser verstehen als ich. Du kennst ihn länger, auf dich hört er besser als auf mich.

Bei Anna bleibt von Beginn an **die Verantwortung für die Kontrolle ihrer getrennt betrachteten Persönlichkeitsanteile!** Man kann den *Tiger* gemeinsam schimpfen und auf ihn böse sein, wenn er sich nicht an Vereinbarungen hält. Nicht Anna ist böse, sie bleibt weiter in Ordnung, sondern dieser *Tiger-Teil* hat etwas Böses gemacht. Überlegen Sie, wie Anna selbst – denn nur sie ist die Chefin vom *Tiger* – ihn besser und vielleicht mit Ihrer Hilfe kontrollieren kann, weil sonst die ganze Anna unter einer negativen Konsequenz leiden muss.

Kinder brauchen zur Verhaltensänderung kindgerechte Hilfe und keine langen und sich immer und immer wiederholenden Vorträge über Ordnung und Willensstärke.

Die vorgestellte Methode nimmt viel Ernst aus problematischem Verhalten. Gleichzeitig geben Sie Anna eine brauchbare Möglichkeit in die Hand, ihr Verhalten steuern zu lernen – etwas, womit sie so wie wir alle (21) ein Leben lang mehr oder weniger intensiv beschäftigt sein wird. Denn natürlich liegt bei uns Erwachsenen ebenfalls die volle Verantwortung über unsere Persönlichkeitsanteile und deren Verhalten.

Aufbau – indirekte Form

Dahinter steht das Prinzip eine Geschichte zu (er)finden, wo vorher nicht mit Anna über die Teile, ihre Namen etc. diskutiert wird, sondern Sie diese Entscheidungen treffen. Als Handlungsträger spielt häufig **ein ganzes Teileteam**. Dieses besteht je nach Problematik aus einem oder mehreren, charakterlich entsprechend unterschiedlichen Mitgliedern unter der Führung eines Chefs.

Vorbilder dazu finden Sie nicht nur in vielen Fernsehserien (zum Beispiel bei „Raumschiff Enterprise", wo *die Logik*, *der Techniker*, *das Gefühl* etc. als Mitarbeiter unter Führung von *Captain Kirk* – der selbst gar kein herausragendes Spezialwissen hat – arbeiten) und in Märchen, sondern nahezu in jedem Werk der Weltliteratur.

Die erfolgreichsten Kinderbücher sind nach diesem Prinzip aufgebaut. Dort erfreuen sich Detektivbanden, Zauberkinder-Teams oder geheimnisvolle, unsichtbare Begleiter (die dann für viel Verwirrung sorgen, weil sie für allen Unsinn verantwortlich sind) höchster Beliebtheit.

1. Beschreibung der Ausgangslage
Stellen Sie zu Beginn der Geschichte die einzelnen Teile und den Chef vor.

2. Darstellung der Schwierigkeiten
Gegenseitige Behinderung, Unterdrückung und Kampf

3. Zielsuche
Zeigen Sie auf, was jeder Teil für eine gute Absicht verfolgt, in welcher Form er übertreibt und wieso das mit dem Ziel der Chefin nicht vereinbar ist.

4. Diskussion
Die Teile diskutieren miteinander, bringen Argumente für die Wichtigkeit ihrer Absicht, argumentieren hin und her.

5. Lösung
Am Ende entdecken sie eine Möglichkeit – entweder alleine oder mit Hilfe eines Außenstehenden –, wie jeder sich wertgeschätzt fühlen kann und dabei trotzdem das Leben der Chefin bereichert. Diese behält ganz klar die Führung und trifft letztendlich die Entscheidungen, wobei ein überstimmter Teil bei anderer Gelegenheit zu seinem Recht kommt.

Problemlösungsgeschichte (Teile): Zappeliges Verhalten als Floh
(Schulalter)

Es war einmal und es war einmal nicht ein kleines Hundemädchen, das hieß Wuffi. Dieses Hundemädchen war lieb und klug und lebte in einer feinen Hundewohnung mit guten Hundeleuten, mit viel Spaß und Spiel, mit Arbeit und Freizeit. Dieses Hundemädchen hatte einen kleinen Floh. Das ist bei Hunden ganz was Normales, dass sie Flöhe haben. Das stört auch nicht besonders.

Dieser Floh, er war übrigens der einzige von Wuffi und deshalb hatte sie ihn *Bix* getauft, also dieser *Bix* war manchmal ein bisschen lästig. Immer nämlich beim Aufgabemachen zwickte *Bix* Wuffi in den Popsch. Wuffi ging auch in eine richtige Hundeschule und machte da, genauso wie du, manchmal Hausübung! Wenn *Bix* die Wuffi in den Popsch zwickte, dann konnte Wuffi natürlich nicht ruhig sitzen, sondern wackelte hin und her und kratzte sich und stand auf und setzte sich wieder nieder und holte sich Futter und setzte sich wieder und und und. Sehr lästig, dieser *Bix*.

Dabei war er so klug wie ein Doktor: Denn er wusste, dass es für einen Hundekörper und einen Hunderücken gar nicht gesund ist, wenn er sich stundenlang nicht bewegt. Da könnte ein Hund nämlich bald gar nicht gut denken und bald nicht mehr gut laufen. *Bix* erlaubte jedoch der Wuffi nicht einmal, eine Minuten zu sitzen. Das konnte Wuffi fast nicht mehr aushalten, denn sie wollte unbedingt auch ein kluges Hundekind werden und viel lernen!

Als Wuffi eines Tages hörte, dass *Bix* zufällig einen Ausflug in ihr Ohr machte, hatte sie eine Besprechung mit ihm. Denn wenn *Bix* in ihrem Ohr saß, konnte sie die leise Flohstimme gut verstehen – und *Bix* konnte sowieso die Hundesprache, als Hundefloh. *Bix* erzählte Wuffi, dass sie sich immer bewegen musste wegen der Gesundheit und weil sie ein junger und lebendiger und starker Hund ist. Wuffi erzählte *Bix*, dass sie aber auch sitzen wollte wegen der Hausübung. Und dann dachten beide lang nach. Ganz lang. Wenn Hunde nachdenken, kratzen sie sich manchmal am Ohr, vielleicht weil sie sich dann immer mit ihrem Hundefloh besprechen, der da drinnen sitzt.

Also, sie dachten lange nach und plöööötzliiich hatten sie beide eine Idee: Wuffi machte in Zukunft immer eine Zeile mit ihren Pfoten, genau eine, und dann lief sie eine Runde durch die Wohnung. Dann wieder eine Zeile und dann wieder Bewegung. Manchmal – wenn sie sehr schnell war – machte sie auch zwei Aufgaben. Aber nicht zu viel. *Bix* musste ihr versprechen, dass er sie mit einem Zwicken und Zwacken und Kitzeln erinnern würde, wenn sie zu lange still dasitzen würde. Das vereinbarten die beiden und das funktionierte auch ganz gut. So lebten sie glücklich und zufrieden weiter und erlebten gemeinsam noch viele tolle Abenteuer in der feinen Hundewohnung mit den guten Hundeleuten.

Wenn Anna diese Geschichte gefällt und sie ist irgendwann wieder einmal unruhig, können Sie lächelnd und mit Augenzwinkern fragen: „Zwickt dich auch *ein Floh*? Was will er denn von dir, frag ihn doch einmal?" Dann kann die gemeinsame Problemlösung und Suche nach Hilfestellungen beginnen.

Besonderheiten

Es können selbstverständlich auch mehrere Anteile sein: die tatsächlich 9-jährige Anna kann in der Geschichte Andrea heißen und einen trotzig-rebellischen, aber auch verspielt-kreativen kleinen Freund *Andi* (symbolisch für ihr Kleinkindverhalten) und eine 15-jähige vernünftige, aber bei einer Alleinregierung auch fade große Freundin *Anastasia* (für Annas altkluge Seite) haben. Die drei müssen sich im Alltag einigen, doch jedes Teammitglied hat ein Recht darauf, seine Bedürfnisse und Ziele zum Teil erfüllt zu bekommen – aber eben immer unter der Führung von Andrea.

Wenn mehrere Teile im Spiel sind, muss allerdings die **Struktur der Geschichte ganz besonders klar** sein. Eine Aufspaltung in mehr als 2 oder 3 Persönlichkeitsanteile wird leicht unübersichtlich.

Ergänzend zu den bereits bei der direkten Form genannten Besonderheiten ist es wichtig zu beachten, dass es auch bei diesen Geschichten **verschiedene Stufen der Nähe** gibt: Es kann sein, dass ein Menschenmädchen ähnlich wie Anna mit gegensätzlichen oder zumindest unterschiedlichen inneren Strebungen fertig wird. Es kann aber auch ein Verband von Tieren, Wolken … sein, der zusammenbleiben will und sich daher auf einen gemeinsamen Weg einigen muss.

Wenn Wuffis Fell der Haarfarbe von Anna entspricht, sie in einer ähnlichen Familienstruktur lebt und das gleiche Geschlecht bzw. Alter hat, wird ein hohes Maß an Identifikation angeboten.

Problemlösungsgeschichte (Teile): Aggressives Verhalten nach Unterbringung bei Pflegeeltern; Aggression als Beschützer-Krokodil
(Schulalter)

(Erzählung in einer ungewohnte Zeitform – zum Testen, wie es Ihnen und Anna gefällt)

Im wilden Dschungel in Afrika hat einmal ein kleiner Löwe gelebt. Er hat dort mit seinen Eltern und seinen Geschwistern mitten im Herzen von Afrika an einem wilden Fluss gewohnt. Der Fluss ist so tief und wild gewesen, dass kein Tier hindurch schwimmen oder gehen hat können – nicht einmal der schwerste Elefant oder die allerhöchste Giraffe.

Eines Abends hat sich die Löwenfamilie auf einer großen Wiese neben dem Fluss schlafen gelegt. Da plötzlich ist ein furchtbares Unwetter gekommen. Ein schrecklicher Regen. Der kleine Löwe ist ganz arg erschrocken und ist unter die Bäume geflüchtet. Dort hat er zitternd und frierend gewartet, bis der Regen vorüber war und der nächste Tag gekommen ist. Aber, oh Schreck, in der Nacht hat sich etwas verändert: Der Fluss hat sich einen neuen Weg gesucht – mitten durch die Wiese! Das allein wäre nicht so schlimm gewesen, aber durch diesen neuen Weg sind plötzlich Mama und Papa des Löwenkinds auf der anderen Seite des Flusses gewesen. Der kleine Löwe hat sie nur von der Ferne sehen können und manchmal hinüberrufen können. Aber sie haben nicht mehr zusammenkommen können. Du kannst dir sicher denken, dass zuerst das Löwenkind ziemlich sehr furchtbar schrecklich traurig gewesen ist. Später ist er ein ganz klein bisschen froh gewesen, dass ihm und seinen Eltern nichts Böses passiert ist. Glücklicherweise hat er gleich andere erwachsene Löwen gefunden, die für ihn gut gesorgt haben, und viele neue Freunde. Es ist dem Löwenkind eigentlich gut gegangen.

Weil er natürlich aber trotzdem noch manchmal am Flussufer gesessen ist und mit Sehnsucht zu seinen Eltern hinübergeschaut hat, hat er sich bald mit einem besonderen Flussbewohner angefreundet: mit dem *Flusskrokodil*. Dieses *Krokodil* in dieser Geschichte ist etwas Besonderes: Es hat ein besonders gutes Herz und will seinen Löwenfreund immer und immer beschützen. Und es ist ein bisschen dumm: Das *Krokodil* hier kann nicht zwei Dinge gleichzeitig denken oder machen. *Du kannst das schon, du kannst jetzt zum Beispiel ganz müde und schwer in deinem Bett liegen und gleichzeitig sind deine Ohren noch ganz wach und hören zu.* Also, zwei Sachen gleichzeitig machen kann das *Krokodil* nicht. Außerdem ist es noch ein bisschen schwerhörig, dieses *Krokodil* hier in meiner Geschichte. Dieses *Krokodil* kann auch viele Sachen sehr gut machen: gut fressen, gut Tiere erschrecken, gut beschützen, sehr gut kämpfen, gut in der Sonne liegen. Aber es kann eben nur eine Sache auf einmal im Kopf haben.

Dieses *Krokodil* hat meistens nur eine besondere Sache im Kopf gehabt: seinen Freund beschützen. Jedes Mal, wenn es eine Gefahr für den kleinen Löwen gesehen hat, dann hat es ihn ganz arg beschützt. Aber leider wirklich ganz arg: Einmal hat ein lustiger Affe den kleinen Löwen nur ein kleines bisschen geärgert. Das *Krokodil* hat das gesehen, hat sofort „beschützen" im Kopf gehabt und hat den kleinen Affen, als er am Fluss zum Trinken war, ratzfratz erschreckt und ihn weggejagt. Der Löwe ist traurig darüber gewesen, das *Krokodil* hat das gesehen, hat wieder beschützen wollen und hat – ratzfratz – alle Affen verjagt. Das Löwenkind ist noch trauriger gewesen und hat die Geschichte der Giraffe erzählt. Das *Krokodil* hat den Löwen mit traurigem Gesicht bei der Giraffe stehen sehen, hat sofort gedacht: „Die Giraffe macht meinen Freund traurig" und hat – ratzfratz – alle Giraffen vom Wasser verjagt, als sie trinken wollten. So haben die Giraffen zu den Affen in einen anderen Teil Afrikas ziehen müssen. Bald waren alle Freunde vom kleinen Löwen weggejagt worden.

Von der anderen Seite des Flusses haben die Eltern des kleinen Löwen ihn manchmal beobacht. Aber aus der großen Entfernung haben sie nicht genau gesehen. Deshalb haben sie sich gedacht: „Unser Kind hat einen tollen Beschützer" und haben dem Löwenkind zugerufen, dass es alles gut macht und immer sein *Beschützer-Krokodil* behalten soll.

Aber mittlerweile hat der Löwe nicht mehr so beschützt werden wollen. Oft und oft hat der kleine Löwe versucht, das dem *Krokodil* zu erklären. Aber das *Krokodil* hat das einfach nicht verstehen können oder wollen. Da ist der Löwe sehr wütend geworden – aber auch das hat das *Krokodil* nicht verstehen können oder wollen. Schließlich ist der kleine Löwe sehr einsam geworden: weil sich niemand mehr in seine Nähe gewagt hat aus Angst vor dem *Krokodil*, das ganz verrückt war vor lauter Beschützen-Wollen.

Eines Tages ist ein Paradiesvogel auf einen Baum über dem kleinen Löwen geflogen. Diesem Vogel hat der Löwe seine Geschichte erzählt. Lange, lange hat der Vogel nachdenken müssen. In dieser Zeit ist das *Krokodil wütend* um den Baum herumgestapft, weil es schon wieder geglaubt hat: „Gefahr für meinen allerliebsten Löwen!" Aber oben am Baum hat es den Paradiesvogel natürlich nicht erwischen können. Das *Krokodil* hat sogar versucht, den Löwen wegzujagen, weil es ihn vor dem Vogel beschützen wollte. So schlimm war das mit dem *Krokodil*! Aber jetzt hat sich der Löwe nicht wegjagen lassen und ist ganz stark geblieben.

Endlich, endlich hat der Paradiesvogel die Idee gehabt. Er hat zum Löwen gesagt: „Das Problem ist klar: Das *Krokodil* will dir etwas Liebes, aber es tut dir etwas Schlechtes. Es ist so dumm und schwerhörig, dass es das nicht verstehen kann. Lieber kleiner Löwe, du kannst mit diesem *Krokodil* als Beschützer kein gutes Leben haben. Daher darfst du tun, was richtig für dich ist. Deine Eltern können da keine guten Ratgeber sein, sie sehen die Dinge nicht ganz richtig.

Also mach Folgendes: Baue eine feste Umzäunung am Flussufer. Darin soll dein *Krokodil* einen wunderschönen Garten bekommen. Das *Krokodil* kann dort schwimmen und jagen und in der Sonne liegen. Es gibt nur eine Tür im Zaun. Es ist eine besonders starke Tür, die nur du auf- und zumachen kannst. Bring das *Krokodil* in diesen wundervollen Garten. Du kannst es dort besuchen, so oft du willst. Und du kannst durch die Tür wieder hinausgehen, wann immer du willst. Das *Krokodil* wird dir nicht folgen."

Gesagt – getan. Sofort hat sich der kleine Löwe an die Arbeit gemacht. Das *Krokodil* hat ihm dabei geholfen und gesagt, wie es den Garten gerne hätte. So wurde es der schönste Garten, den das *Krokodil* sich nur vorstellen konnte. *Wie, glaubst du, hat er ausgeschaut? …* (besonders die Tür und den Zaun gut beschreiben lassen). Schließlich hat der Löwe das *Krokodil* hineingeführt in den Garten und hat sich verabschiedet und ist durch die besondere Tür hinausgegangen. Hinter sich hat er die Tür ganz gut zugemacht. Das *Krokodil* war ein bisschen verwirrt am Anfang, aber du weißt ja, es kann nicht gleichzeitig verwirrt sein und in der Sonne liegen. Also ist es ihm bald ganz gut gegangen und auch das Beschützen war nicht mehr in seinem Kopf.

Das *Krokodil* ist allein sehr glücklich gewesen. Das dauernde Beschützen war nämlich eine ziemliche Anstrengung. Es hat sich immer gefreut, wenn der Löwe zu Besuch gekommen ist. Der große kleine Löwe ist auch sehr glücklich gewesen – und bald nicht mehr einsam: Die anderen Tiere sind am Anfang zwar vorsichtig gewesen, haben aber bald erkannt, dass der große kleine Löwe das *Krokodil* wirklich gut weggesperrt hat.

Bald hat der große kleine Löwe viele Freunde und ganz viel Spaß gehabt – im wilden Dschungel mitten im Herzen von Afrika!

Problemlösungsgeschichte (Teile): Selbstüberschätzung und -entwertung als Gas- und Bremsfuß

(Schulalter)

Es wird einmal in ungefähr 287 Jahren sein, also etwa im Jahr 2291, oder im Jahr davor oder danach. Dort in ferner Zukunft wird vielleicht einmal eine Zeit sein, die ganz anders und doch ähnlich ist wie heute. Vielleicht es dann so, dass die Menschen schon mit ihren Berufen geboren werden. Vielleicht ist es so, dass Autos nach Blumen duften, weil sie mit Wasser fahren. Also, im Jahr 2291 wird es einmal passieren, dass dort Leute so wie wir beisammensitzen und eine Geschichte vorlesen. Und die geht so:

Es war einmal ein Autorennfahrerkind. Er war natürlich bereits als Autorennfahrer geboren. Geborene Autorennfahrer haben von Natur aus einen besonders starken *Gasfuß*: Der *Gasfuß* kann superschnell und mutig fahren, hat vor nichts Angst, glaubt von sich selber, dass er immer unbesiegbar und der Schnellste ist. *Gasfüße* wollen überall sofort der Beste und der Größte sein und glauben, sie brauchen gar nichts mehr Neues lernen, weil sie schon alles können. So sind *Gasfüße*, voller Selbstvertrauen. Und geborene Autorennfahrer haben von Natur aus auch einen besonders starken *Bremsfuß*: Dieser Fuß kann besonders gut vorsichtig und langsam fahren. *Bremsfüße* wollen immer hinten bleiben, sie haben Angst und trauen sich nichts zu. Deswegen wollen *Bremsfüße* nichts Neues lernen, weil sie Angst haben, sie könnten es nicht schaffen. Am liebsten haben sie, wenn alles stillsteht und sich nichts verändert. Ja, so sind *Bremsfüße* in dieser Zeit.

Dieses Autorennfahrerkind war ziemlich gut, als es noch mit Tretroller und Scooter unterwegs war, so wie es in der Kindheit für geborene Autorennfahrer üblich ist. Dann kam die Zeit, wo es in die erste Rennautoklasse einsteigen konnte. Es bekam sein erstes, eigenes Rennauto. Da passierte etwas Schreckliches: *Gas- und Bremsfuß* konnten ganz plötzlich ohne besonderen Grund nicht mehr gut zusammenarbeiten. Dabei waren beide noch immer stark und wollten jeder für sich nur das Beste für den jungen Autorennfahrer. Immer wollte der eine oder der andere arbeiten, wie damals mit Tretroller und Scooter. Manchmal wollten sie sogar mit Vollgas und Vollbremsung gleichzeitig fahren! Der Autorennfahrer merkte bald, dass es sein Auto nicht lange aushalten konnte, wenn die *Füße* so gegeneinander kämpften. So etwas macht den stärksten Motor kaputt.

So passierte es, dass der geborene Autorennfahrer in der einen Hälfte der Rennstrecke nur mit dem *Gasfuß* und nur Vollgas fuhr: Dann war er der Schnellste und der Beste, der alles konnte. Das ging gut bis zur ersten Kurve. Wer zu schnell fährt, fliegt aus der Kurve. Deswegen fuhr der junge Autorennfahrer in der zweiten Hälfte der Rennstrecke nur noch mit dem *Bremsfuß*: Dann war er der Letzte, der absolute Verlierer, den alle überholten. Immer abwechselnd Vollgas und Vollbremsung, es war zum Verrücktwerden.

Dem jungen Rennfahrer machte Autofahren schon gar keinen Spaß mehr, und das ist natürlich schrecklich für einen geborenen Autorennfahrer! Manchmal fühlte er sich wie der Allerbeste, aber gleich danach wie der Letzte. Es kam so weit, dass er über sich dachte: „Irgendetwas ist mit mir nicht in Ordnung. Ich bin unfähig." Das kann leider jungen Autorennfahrern passieren, dass sie solche Gedanken über sich selbst oder über die Welt bekommen. Sogar im Jahr 2291 kann das passieren. Leider, leider.

Doch dieser junge Autorennfahrer war in Wahrheit von Geburt an auch innerlich besonders stark und klug. Deswegen dachte er nach und dachte nach, wie die Lösung aussehen konnte. Schließlich, vielleicht nach einem Tag, vielleicht nach einer Woche, hatte er eine Idee: Er setzte sich als Beifahrer zu einem Autorennfahrerlehrer in das Auto und schaute ihm ganz, aber ganz genau zu. Ich weiß nicht, ob das ein junger oder ein alter Rennfahrerlehrer war, ob es ein Mann oder eine Frau war. Doch ich weiß, dass der geborene Autorennfahrer die Lösung fand! Das Geheimnis war … die Kraft in seinen *Füßen* zu steuern! Er lehrte seinen *Gasfuß*, dass er mal viel und mal weniger Gas geben konnte und er lehrte seinen *Bremsfuß*, einmal stark und einmal schwach zu bremsen.

Genau so machte er das von diesem Tag an. Natürlich mussten beide, *Gasfuß* und *Bremsfuß*, erst trainieren, Kraft zurückzunehmen. Aber der geborene Autorennfahrer war auch ein guter und geduldiger Lehrer und zeigte es ihnen immer wieder und von Tag zu Tag gelang es besser. Siehe da, früher als erwartet lernten seine *Füße*: Nur auf schnurgeraden Strecken fährt der *Gasfuß* mit voller Kraft Vollgas. Vor der Kurve nimmt er übermäßiges Selbstvertrauen weg und der *Bremsfuß* ist bereit mitzuhelfen. Aber ebenfalls nicht volle Kraft, sondern ganz vorsichtig. Nur bei plötzlicher großer Gefahr darf und soll der *Bremsfuß* eine Vollbremsung machen. So lehrte der junge Autorennfahrer seinen *Füßen*, miteinander zu arbeiten. Er selber lenkte gut und sicher und konnte sich bald auf seine *Füße* verlassen. Sie gaben ihm genau die passende Kraft, die er brauchte, um gut und schnell und sicher die Rennstrecke zu fahren und dabei viel zu lernen, mit nicht zu viel und nicht zu wenig Selbstvertrauen. Bald wurde er immer besser. Das Allerbeste jedoch war, dass er sich ganz sicher war: „Ich bin in Ordnung, ich kann schwierige Situationen meistern."

So fuhr der geborene Autorennfahrer auf allen großen Rennstrecken und er ließ sich den Wind um die Nase wehen und genoss das tiefe Brummen oder hohe Summen des Autos.

Er hatte ein gutes Leben und erlebte noch viele tolle Abenteuer, dort im Jahr 2291 oder im Jahr davor oder danach.

Problemlösungsgeschichte (Teile): Ein trockenes Bett durch ein Zaubermittel / einen Schatz

(Kindergartenalter)

Es ist einmal und es ist einmal nicht in einem Land, wo das Wünschen ganz sicher noch hilft, ein winzigkleines Zwerglein, das bewacht viele Schätze. Das Zwerglein kommt in diesem Land zu allen Kindern, zu manchen früher, zu manchen später, und bringt jedem seinen besonderen *Schatz*. Doch der *Schatz* ist am Anfang gut versteckt und das Zwerglein muss ihn selber manchmal suchen. Dabei wollen wir den kleinen Zwerg begleiten.

Wenn der Zwerg seinen *Schatz* sucht, dann macht er seine Augen zu. Dann kommt gleich ein geheimnisvoller Zauberwagen. Er wird ihm helfen, an den Ort zu reisen, wo der *Schatz* für ein Kind wie dich versteckt ist. Der Zwerg setzt sich hinein und atmet einmal ganz tief ein und aus. Das ist für den Wagen das Zeichen, sich ganz langsam in Bewegung zu setzen. Er fährt vor eine große Tür, die langsam aufgeht. Der Wagen fährt in eine große, helle Höhle hinein. Hinter ihm schließt sich sanft und sicher die Tür und es geht ihm gut dabei. Der Zwerg fährt immer tiefer und tiefer in die Höhle hinein. Um ihn herum ist jetzt alles warm und trocken und weich – und er fühlt sich sehr wohl. In der Ferne sieht er nun ein kleines warmes Licht auftauchen. Es leuchtet in einer warmen roten Farbe. Langsam bewegt sich der Wagen darauf zu und der Zwerg bemerkt, wie es immer größer wird.

Je näher er kommt, desto deutlicher fühlt er, wie ein Pochen von dem Licht ausgeht – wie Herzklopfen. Jetzt ist er ganz nah. Er steht direkt vor einem hellen, roten Raum, der so pocht wie ein Herz, stark und ruhig. Es fühlt sich ganz warm an und pocht langsam und regelmäßig. An der Seite sieht er eine kleine Tür, die ins Innere hineinführt. Was wohl im Inneren versteckt ist, vielleicht der *Schatz*? Neugierig steigt er aus dem Wagen, öffnet die Tür und tritt ein. Nun steht er in einem warmen und trockenen und angenehm hellen Raum. Die Wände schimmern rot, pulsieren sanft und sind ganz weich. Bei jedem Schritt sinkt er im warmen weichen Boden ein. Das fühlt sich angenehm und kuschelig an. Während er weitergeht, sieht er am Boden ein kleines Kästchen. Ein kostbares Schatzkästchen. Was da wohl drin ist?

Langsam geht er näher heran, hebt das Kästchen auf und schaut es von allen Seiten genau an. Oben sieht er einen Deckel, den er aufmacht. Und nun sieht er den *Schatz*, ein wertvolles *Zauberfläschchen*. Es ist mit einem kleinen Drehstoppel fest zugemacht. Drinnen ist eine ganz besondere Flüssigkeit: ein Klo-geh-Wasser. Solange der Stoppel zugeschraubt ist, bleibt das Klo-geh-Wasser im Fläschchen drinnen und jedes Kind kann wunderbar und tief schlafen und wunderbar und gut spielen oder arbeiten. Wenn es dem Wasser zu viel wird und es herauskommen will, drückt es gegen den Stoppel. Daran merkt jedes Kind, dass es Zeit ist, auf das Klo zu gehen und das Kind tut das natürlich. Solange der Stoppel zubleiben kann, kann jedes Kind ganz gut schlafen oder spielen. Wenn der Stoppel aufgehen will, hat ein Kind noch immer ein wenig Zeit: Denn ein Kind kann den Stoppel ganz, ganz langsam aufdrehen, dabei gut wach werden und ganz gut aufs Klo gehen.

Ein besonderes *Zauberfläschchen*, das jedem Kind hilft, ganz sicher zu schlafen und ganz gut wach zu sein!

Wenn der Zwerg das *Zauberfläschchen* gut angeschaut hat, kann er es gut im Gedächtnis behalten. Dann macht der Zwerg etwas Lustiges und dreht sich einmal ganz schnell im Kreis. Schon hat er den Deckel vom Zauberkästchen wieder zugemacht und stellt es an seinen Platz zurück. Hat er das *Zauberfläschchen* mit dem geheimnisvollen Wasser mitgenommen, um es dir zu bringen? Niemand konnte es sehen. Vielleicht hat er es heute schon mitgenommen, vielleicht wird er es morgen bringen.

Es ist jetzt Zeit, wieder zurückzugehen. Der Zwerg geht aus dem Raum wieder hinaus und schließt sorgfältig die Tür hinter sich. Er steigt in den Zauberwagen und fährt den warmen und guten Weg wieder zurück. Das rote Licht wird hinter ihm in der Ferne immer kleiner und kleiner. Alles um ihn herum in der großen, hellen Höhle ist wieder weich und trocken und riecht frisch und angenehm. Er fährt auf die Tür zu, die sich langsam vor ihm offnet und hinter ihm sanft und sicher schließt. Er steigt aus und wieder atmet er einmal ganz tief aus und ein. Das ist das Zeichen für den Zauberwagen zu verschwinden. Er bedankt sich bei dir für deine Begleitung und macht die Augen wieder auf.

Er hat den *Schatz* für dich gefunden! Aber niemand weiß, wann genau das Zwerglein zu einem Kind kommen wird, vielleicht heute, vielleicht morgen.

Und schau, schau, schau, die Augen gehen zu und der Kopf geht zur Ruh, die Kuh macht Muh und bald schläfst auch du.

Ihre Zukunft als Geschichtenerzählerin und Geschichtenerzähler

Abschließend möchte ich Sie noch einmal ermutigen, sich im Geschichtenerzählen zu erproben.

Wie Thomas Brezina es in seinem Vorwort beschreibt: Es öffnet die Türen und die Herzen. Vergangenes lässt sich heilsam abschließen, zukünftige Schwierigkeiten lassen sich auf diesem Weg bereits vorwegnehmen, verschiedenste Lösungsstrategien können vorgeschlagen werden.

Anna kann dann bei Bedarf auf jene Strategie zurückgreifen, die für sie in der speziellen Situation am besten passt. Je mehr Möglichkeiten sie kennt, umso größer sind Auswahl und Kombinationsmöglichkeiten. Geschichten sind dafür ein ideales Medium. Denn im Gegensatz zu Ratschlägen geben sie keine direkte Richtung vor und helfen trotzdem sehr klar dabei vorwärts zu kommen. Oder meinen Sie, jedes Kind müsste den Weg alleine finden, jeden Konflikt selbst austragen, jedes Problem völlig eigenständig lösen, weil Sie es sonst in seiner Selbstständigkeit und kreativen Entwicklung behindern? Selbstständigkeit braucht Sicherheit, und Kreativität ist die neuartige Kombination von bekannten Elementen. Eine einmal gehörte Lösungsstrategie auf ein neuartiges Problem zu übertragen oder bekannte Teile zu etwas Neuartigem kombinieren, das gibt Sicherheit, das ist Kreativität!

Bedenken Sie: Wir Menschen sind mit unserer Entwicklung nur deswegen so weit vorangekommen, weil nicht jeder von uns das Rad neu erfunden hat. Dessen Herstellungsgeschichte wurde von Generation zu Generation weitererzählt. Dabei war kein Zwang, es immer ganz gleich zu machen und auch keiner, immer alles neu zu machen. Das Radprinzip wurde, aufbauend auf bewährten Erfahrungen, von vielen kreativen Köpfen immer wieder neuartig eingesetzt und weiterentwickelt.

Tun Sie's auch! Kombinieren Sie alte Geschichten und neue Erfahrungen mit dem durch dieses Buch erworbenen Wissen und geben Sie damit einem einzigartigen Kind eine Menge Energie spendenden Proviant mit auf die Reise in sein Leben!

Viel Spaß!

7. Verzeichnis aller Geschichten

Anhang 1: Erste Hilfe nach Schreck und Trauma

Erste Hilfe für ein Kind

Die Wirkung von Schreck- und Traumaerfahrungen auf Körper und Psyche sind bei großer Intensität massiv. Doch eigentlich ist es nur eine normale körperliche Stressreaktion: Wenn das Gehirn eine Gefahr vermutet, funktioniert das normale Denken nicht mehr, sondern es laufen ererbte, blitzschnelle Schutzreflexe ab, die Körper und Psyche in Alarmbereitschaft versetzen und vor Schäden bewahren sollen. Diese psychische Schockwelle (22) verläuft in verschiedenen Phasen, wobei dieser Verlauf besonders bei Kindern auch verschoben oder kaum sichtbar sein kann.

Um ein Kind unmittelbar nach Schreck oder Trauma optimal unterstützen zu können, sind je nach dieser **Verarbeitungsphase** und **Bedürfnis des Kindes** unterschiedliche Hilfestellungen günstig. Die so besonders anpassungsfähige Psyche von Kindern hält sich oft nicht an Regeln und Reaktionsmuster: Kinder überspringen, wechseln hin und her, verarbeiten schnell oder bleiben in einem Verhalten hängen. Daher können folgende Hinweise in einer ganz speziellen Situation eines Kindes lediglich Anhaltspunkte bieten.

Beachten Sie grundsätzlich immer: Es sind ganz normale Reaktionen von ganz normalen Menschen auf abnormale Erlebnisse. Es sind damit Zeichen eines gesunden und gut funktionierenden Gehirns. Beim Zusammentreffen bestimmter Umstände kann es wirklich jedem passieren, dass er mit einem Erlebnis nicht fertig wird.

Und noch etwas: Es müssen nicht immer objektiv schlimme Geschichten sein. Manchmal sind es auch scheinbare, sich vielleicht wiederholende Kleinigkeiten, die wesensverändernde Auswirkungen haben, weil sie für das betroffene Kind eine traumatische Erfahrung darstellen.

Phase 1, unmittelbar in oder nach dem Erlebnis/Unfall: „Erstarrung, Schockzustand" frieren, schwitzen, zittern …

Wenn möglich sofort aus der Situation holen, ansprechen, intensiv und ruhig sowohl körperlich als auch emotional spürbar sein. Durch Berühren und Reden Sicherheit vermitteln. Selbst ruhig bleiben und das Kind nicht entsetzt anschauen. Für körperliches Wohl sorgen, denn körperliche Schockzustände können ein lebensbedrohliches Ausmaß erreichen.

Um gut gerüstet zu sein empfehle ich allen Eltern einen Erste-Hilfe-Kurs für Kindernotfälle in der nächstgelegenen Volkshochschule zu besuchen, damit Wissen und Sicherheit beim Umgang mit körperlichen Notfällen, die immer auch psychische Notfälle werden können, erworben werden.

Phase 2, Minuten/Stunden nach dem Erlebnis: „Reaktion, Aufregung, Angst" weinen, schreien, davonlaufen, anklammern …
Beim Kind bleiben, im Tempo mitgehen und jedes Verhalten des Kindes aushalten: Bei hoher Aktivität mit dem Kind in Bewegung sein, laut und sicher sprechen etc., dann langsam ruhiger werden und so das Kind mitziehen. Für körperliche Sicherheit sorgen (Unfallgefahr!). Oder klammern lassen, weinen lassen, trösten und halten. Keine Anforderungen oder Argumente, die den Verstand ansprechen, keinesfalls Vorwürfe! Selbst möglichst ruhig bleiben und Sicherheit vermitteln. Eigenes Entsetzen oder Angst auch in dieser Phase **nicht zeigen**.

Phase 3, Stunden/Tage danach: „Abschalten, Ausblenden" verleugnen, nicht darüber sprechen wollen, sich ablenken, betäuben und verkriechen … (Schlafstörungen, Angst, Reizbarkeit, Wut gegen sich und andere, extremes Ruhebedürfnis)
Wenn möglich dafür sorgen, dass es einerseits Phasen der offenen Auseinandersetzung mit dem Geschehenen gibt und andererseits Phasen der bewussten Ablenkung oder Ruhe.

Bleibt ein Kind sehr lange bei einer Verhaltensweise, bringen Sie Anregungen für eine neue: Bei tage- oder wochenlanger Vermeidung trotz sichtlichem Leid können Sie vorsichtig damit beginnen, Traumageschichten zu erzählen.

Manche beschäftigen sich intensiv mit immer dem gleichen Spiel. Es ist eine normale Reaktion, sich ablenken zu müssen oder etwas tun zu wollen, worüber man Kontrolle hat. Oder vielleicht enthält genau dieses Spiel einen Teil des Geschehenen oder zeigt eine Verhaltensweise auf, die sich der/die Betroffene damals gewünscht hätte. Auch in diesem Fall bietet es sich an, später eine Geschichte daraus zu entwickeln.

Phase 4, Stunden/Tage danach: „Auseinandersetzung, verarbeiten und verstehen wollen" Suche nach der Schuld und dem Sinn, nach Auswirkungen auf die Zukunft, Veränderungen vom Bild über sich selbst oder die Welt. Nachspielen des Schreckens mit dem Versuch, andere Lösungen zu finden.
Sich Zeit nehmen, reden oder zeichnen lassen, mit Stofftieren nachspielen; dabei aber auch sanft zum Thema hinführen (doch niemals gegen den Willen des Kindes) oder

auch, falls es sich sehr aufregt, sicher vom Thema wegführen und Abstand zur Erinnerung herstellen. Wichtig ist, dass Sie dem Geschehenen einen zeitlichen Rahmen geben: 1. Was war der Moment vorher, wo noch alles gut war? 2. Was war der Moment nachher, wo alles vorbei war? 3. Was war dazwischen, was ist chronologisch und auf allen Sinneskanälen passiert?

Nutzen Sie alle Mittel der Phantasie (23): innere Helfer zur Vertreibung schlechter Gefühle, Schutzengel, Schatztruhen für Heiltränke oder Gefängnisse für Angstmonster. Machen Sie immer wieder klar, dass manche Gefühle zur Vergangenheit gehören und jetzt Sicherheit herrscht. Vielleicht ist das Bedürfnis beim Kind da, Fotos oder eine Beschreibung in ein Album einzukleben und damit das Geschehene als etwas eindeutig Vergangenes abzuschließen.

In dieser Phase kommen vielleicht auch Fragen nach dem Sinn des Lebens, des Leides, nach den Ursachen und Folgen. Bereiten Sie ehrliche Antworten vor und bleiben Sie dabei möglichst kindgerecht und einfach.

Zusammenfassend können Sie ein Kind in Phase 2, 3 und 4 unterstützen, indem Sie

- jeden zusätzlichen Stress fern halten, allerdings auch extrem lange Phasen des Nichtstuns verhindern. (24)
- ihm bei allem, was geschieht, möglichst einfach und wahr erklären, warum was getan wird (Begräbnis, medizinische Maßnahmen ...) und es soweit verantwortbar mitentscheiden lassen. Dadurch bekommt es das Gefühl, wieder Kontrolle über das, was passiert, zu haben.
- darauf achten, dass es genug Schlaf bekommt.
- darauf achten, dass es Zeiten gibt, wo man sich mit dem Geschehenen beschäftigen kann und Zeiten, in denen man sich ganz bewusst ablenken soll.
- nicht nachbohren! Natürlich können und sollen Sie manchmal auch zweimal fragen, um Ihre klare Bereitschaft zum Zuhören zu signalisieren. Aber drängen Sie nicht.

Phase 5, Tage/Wochen danach: „Tatsächlich oder scheinbar gelungene Verarbeitung, keine Symptome mehr“

Gelungen ist die Verarbeitung, wenn ein Kind darüber erzählen kann, ohne dass es von den damaligen Gefühlen überflutet wird. Manche sprechen sogar darüber als „Abenteuer, das noch einmal gut ausgegangen ist“ oder mit Stolz oder Erleichterung als „gefährliche Situation, die man überleben konnte“.

Bei schweren Verlusten ist es ganz natürlich, dass Wellen von Trauer und Wehmut auch noch Monate und Jahre später aufsteigen, doch hat das Kind dabei Kontrolle über sich, kann in dieses Gefühl selbst eintauchen oder auftauchen und wird nicht davon überschwemmt.

Ein weiteres gutes Zeichen ist, wenn es keine krank machende Überzeugung von sich oder der Welt mitgenommen hat.

Eventuell kommt es zu Phase 6, Wochen/Monate danach: „Neuerliches Auftauchen von Symptomen"

Die Auswirkungen einer nicht oder nur zum Teil gelungenen Verarbeitung sind meist, dass Symptome aus früheren Phasen in übersteigerter oder verfremdeter Form wieder auftauchen. Ungünstig ist es, wenn nicht die ganze Situation als klare „Geschichte" im Gehirn gespeichert werden konnte, sondern einzelne Bruchstücke des damaligen Erlebnisses unverbunden bleiben. Davon werden in Extremfällen einzelne Teile als Schutzreaktion für die Psyche aus dem bewussten Gedächtnis genommen. Dann kann es passieren, dass so ein Bruchstück (ein bestimmter Geruch, ein Gesichtsausdruck, ein Raum, ein Geräusch ...) die damalige Angst wieder auslösen kann. Die Bandbreite möglicher Langzeitfolgen sind vielfältig: Sie reichen von einfachen Vermeidungsreaktionen, Ängstlichkeit bis zu phobischen Zuständen, von depressiven Verstimmungen, Unsicherheit, Schlafstörungen ... bis zu psychosomatischen Erkrankungen und Schmerzstörungen sowie exzessiven Bemühungen, sich zu betäuben oder abzulenken.

Diese Symptome bedeuten, dass die anfängliche Schutzreaktion vom Gehirn nicht dauerhaft aufgegeben werden kann: Ein früher sinnvoller Überlebensmechanismus wird selbst zum Problem, der dafür zuständige Gehirnteil hat sozusagen zu gut gelernt. Zu jeder Zeit ist es dabei wichtig dem Kind zu versichern, dass es unter den ganz normalen Folgen einer nicht normalen Belastung zu leiden hat, dass es irgendwann wieder anders wird, dass es nicht verrückt oder böse ist, nur weil es noch nicht vergessen oder verarbeiten kann. Erzählen Sie Trauma- und Erfolgsgeschichten!

Wenn Sie anhand solcher oder ähnlicher Symptome und Signale den Eindruck haben, dass einem Kind die Bewältigung eines Traumas trotzdem nicht gelingt, dann ist es ratsam professionelle Hilfe zu suchen. Natürlich ist bei extremen Erlebnissen die Unterstützung durch ExpertInnen auch sofort in oder nach dem Ereignis präventiv günstig. Es wurden in den letzten Jahren spezielle Therapietechniken entwickelt, die zunehmend in die gängige psychologische und psychotherapeutische Arbeit Eingang finden. Wenn Sie sich auf die Suche nach einer Helferin in Ihrer Nähe machen, fragen Sie nach spezieller Erfahrung in Traumatherapie mit Kindern.

Mehr Informationen dazu finden Sie ganz am Ende des Buches.

Schockreaktion der Bezugspersonen

Ebenso normal wie beim Kind ist es, dass auch das Umfeld mit einer Schockwelle zu kämpfen hat.

Achten Sie auf Ihre Spontanreaktionen!
Vermeiden Sie **direkt in oder gleich nach dem Schreck** die folgenden Sätze und prägen Sie sich die heilsamen Formulierungen gut ein. Was man selber oft gehört hat, ist ähnlich wie ein Reflex sofort auf der Zunge und muss regelrecht abtrainiert werden!

Direkt in/nach der Belastung **niemals …**	… sondern folgende **heilsame Reaktion** zeigen
Du darfst jetzt nicht traurig sein. Du darfst nicht weinen. Das war ja gar nicht so schlimm, da brauchst du gar nicht weinen. Da brauchst du dich nicht genieren. Da musst du keine Angst haben. Reiß dich zusammen. Das hat doch gar nicht weh getan. **… niemals ein Gefühl ausreden oder verbieten!** Ein Kind entscheidet selbst, wann es Trost braucht und wann nicht. Es darf Trost brauchen, wann immer es will – Sie entscheiden natürlich genauso, in welcher Form Sie das in diesem Moment geben wollen.	Ich kann verstehen, dass du dich jetzt traurig, schuldig, wütend fühlst … dass dir das sehr wehtut … Manchmal passieren so schlimme Dinge und man fühlt sich schuldig, obwohl das nicht stimmt … Jeder Mensch macht manchmal Fehler. Jetzt ist es vorbei. Später überlegen wir, wie es besser laufen kann … Oh, das war aber ein arger Sturz. Ist das jetzt ein Schmerzweinen oder ein Schreckweinen? Komm, ich halte dich. … **Jedes Gefühl ist in Ordnung – es kommt nur darauf an, was man damit macht!** Natürlich ist später manchmal auch die Botschaft notwendig: Es ist in Ordnung, dass du wütend bist. Ich kann das gut verstehen, dass du jetzt böse bist, weil ich nein gesagt habe. Es ist nicht in Ordnung, dass du das kaputt machst. Das darfst du nicht tun!
(Anna äußert: „Ich bin schuld", „Ich muss sterben" oder eine andere negative Selbstüberzeugung) Das darfst du aber nicht denken, das ist ein Blödsinn. **… niemals einen Glauben ausreden oder verbieten!**	Ich kann verstehen, dass du jetzt denkst, du bist schuld (schlecht, die ganze Welt ist böse …) So etwas denken Kinder manchmal nach einer so schlimmen Sache, auch wenn sie später ganz sicher wissen, dass es nicht stimmt. Später weiß man wieder: Ich habe getan, was ich konnte (bin gut …). **Es denkt, was es denkt! Versuchen Sie, mit der Mitteilung einer positiven Botschaft zu trösten.** Doch erst später, in Ruhe, sind eventuell Diskussionen sinnvoll.

Warum hast du auch nicht besser aufgepasst? Ich habe doch gesagt, mach das nicht, selber schuld. Spinnst du, was hast du dir nur dabei gedacht? Du solltest dich schämen, dass so einem großen Mädchen so was passiert. **… niemals, aber auch wirklich niemals Schuld- und Schamgefühle vermitteln** – das Opfer hat vermutlich schon genug davon, auch wenn es diese eventuell nicht zeigt, sondern cool oder aggressiv tut.	Das war wirklich eine schlimme Sache. Jetzt ist es vorbei. Gut, dass du gleich Hilfe geholt hast. Suchen Sie in diesem Moment **nur das Gute im Schlechten**. Vermitteln Sie: **Jeder kann und darf auch Fehler machen**, du bist und bleibst ein gutes Kind. Erst viel später können Sie das Ereignis analysieren: Weißt du was, jetzt überlegen wir einmal, was du das nächste Mal anders machen könntest und wie ich dir dabei helfen kann. Du hast geglaubt, du kannst das schaffen. Es hat nicht funktioniert. Was genau war der Fehler?
Da hast du mich aber wirklich traurig gemacht. Beruhige dich, sonst muss ich auch weinen. Du hast mich so enttäuscht. **… niemals Druck und Vorwürfe mit Hilfe Ihrer eigenen Gefühle machen!** Keine Erpressung damit!	Schau, es ist jetzt vorbei. Magst du versuchen, wie es ist, wenn du jetzt einmal ganz tief durchatmest? Versuchen wir das mal gemeinsam, ok? **Zuerst nur trösten!** Viel später dann ganz klare Forderungen stellen oder einen Handel vereinbaren: Ich will nicht, dass du das noch einmal tust. Ich verlange von dir, dass … Ich kann das sonst nicht aushalten, weil ich mir echte Sorgen mache. **Wenn Sie in der Situation sichtbar starke Gefühle haben, leugnen Sie diese aber nicht.** Jetzt habe ich mich aber auch geschreckt und vor lauter Schreck habe ich jetzt geschimpft. Das tut mir leid. Ich bin jetzt auch ziemlich traurig, aber das ist bei dir und bei mir in Ordnung. Es wird vorbeigehen.

Lange nach dem Schreck, wenn sich alle beruhigen konnten, gelten andere Gesetze als direkt in der Schockwelle. Da können Sie, wenn es sein muss, diskutieren, zur Auseinandersetzung auffordern, zur Verantwortung ziehen, negative oder positive Konsequenzen – vielleicht sogar eine Strafe – verteilen, schimpfen oder ermahnen, sich für eigene Fehler entschuldigen oder eine solche Entschuldigung einfordern, was immer Sie dann für richtig und sinnvoll halten.

Erst wenn die Psyche, der Körper und das Gehirn eines Kindes wieder im Normalzustand sind, kann es verarbeiten und sortieren, diskutieren, sich zur Wehr setzen, akzeptieren und/oder daraus lernen.

Umgang mit eigenen, ungünstigen Schockreaktionen:
Natürlich sind all das zwar vernünftige, doch trotzdem theoretische Richtlinien. Denn wir alle sind Menschen mit unseren angeborenen Reaktionszeiten und Reflexen. Besonders bei plötzlichen und schrecklichen Ereignissen kann es niemandem gelingen, optimal zu reagieren und zum Beispiel den Ausdruck der eigenen Gefühle zu beherrschen oder zu verschieben.

Auch das ist in Ordnung – vielleicht es ja nur ein theoretischer Fehler, der dem Kind (endlich) einmal zeigt, dass sogar die Mama/der Opa/ … mal was ganz Falsches sagt oder tut und nicht endlos belastbar ist. Wenn sich dann die Große bei der Kleinen entschuldigt, kann das beide Seiten unendlich bereichern.

Manchmal sind es sehr ungewöhnliche Dinge, die ein besonders inniges Band in Familien knüpfen. Also denken Sie daran, wenn Sie im Nachhinein das Gefühl haben, einen Fehler gemacht zu haben: Vielleicht haben Sie einen wunderbaren Fehler gemacht.

3-Schritte-Regel

1. Schritt:
Wenn Sie merken, dass es für Sie nicht mehr möglich ist, ein guter Beistand zu sein, dann nehmen Sie sich unbedingt eine Auszeit. Sie lieben dieses Kind vielleicht über alles und es ist Ihr gutes Recht, Angst, Hass, Trauer und Mitleid zu haben. Wenn Sie zu den Hauptbezugspersonen gehören, ist es allein schon deshalb ganz wichtig, dass Sie gut auf sich selbst achten: „Du, Anna, ich rede jetzt noch mit dem Polizisten und dann gehe ich mich mit Frau Beier besprechen. In dieser Zeit bleibt Uschi bei dir. Sie wird gut auf dich aufpassen, du bist geschützt. Ich komme in 2 Stunden wieder."

Natürlich kann es Ihnen in dieser kurzen Zeit nicht gelingen, völlig gefasst und geordnet das vielleicht schreckliche Geschehen zu verarbeiten. Sie werden einige solcher Auszeiten brauchen, um dann wieder gut beim Kind bleiben zu können.

2. Schritt:
Sorgen Sie gut für Ihren klugen Körper: Wenn er Ihnen zeigt, dass er eine Pause braucht, essen oder trinken Sie etwas Warmes und gehen Sie eine Runde an der frischen Luft. Sprechen Sie mit jemandem, der Ihnen nach den Regeln „heilsame Reaktionen" zuhört. Sie sind genauso in den verschiedenen Phasen der Schockwelle, suchen Sie sich ein gutes und hilfreiches Gegenüber, halten Sie sich fern von unguten Men-

schen, auch wenn Sie mit diesen verwandt sein sollten oder sie Profis sind. Bedenken Sie allerdings auch, dass jeder Mensch seine eigene Art hat, mit Schock und Druck umzugehen und dies selten steuern kann. Verurteilen Sie deshalb niemanden, wenn er in einer Ausnahmesituation mit einem Ausnahmeverhalten oder -zustand reagiert.

Nutzen Sie jedoch unbedingt professionelle Hilfe, wenn Sie sich extrem belastet fühlen, damit Sie die Erinnerung an eine schlimme Geschichte nicht vielleicht jahrelang quält: Traumaspezialisten werden Ihnen gern zur Seite stehen. Wenn Sie einen anderen Erwachsenen leiden sehen, dann nehmen Sie ihn bei der Hand und gehen mit ihm zu einer entsprechenden Stelle, damit von dort ein heilsamer Impuls kommen kann.

3. Schritt:

Nach einiger Zeit vergönnen Sie sich selbst nach den in Kapitel 4 beschriebenen Regeln eine Traumageschichte. Erlauben Sie keinesfalls einem anderen Menschen darüber zu urteilen, wie Sie auf ein schlimmes Erlebnis reagieren sollen, wie lange Sie trauern dürfen, welche Gefühle richtig sind. Auch Sie leiden an den ganz normalen Folgen eines abnormalen Ereignisses! Bleiben Sie gut zu sich. Wenn dies alles nichts hilft, nutzen Sie traumazentrierte Unterstützung von Psychologen oder Psychotherapeutinnen.

Anhang 2: Krank machende und heilsame Selbstüberzeugungen (25)

Gedanken, die krank machen | **Gedanken, die heilsam sind**

zum Thema **Angst** ⇨ **Sicherheit**

Ich bin ganz allein.	Es wird immer jemanden geben, der mir helfen kann. Es gibt Menschen, die mich lieb haben.
Ich bin in Gefahr. Ich muss sterben.	Es ist vorbei. Ich bin lebendig.
Ich kann nichts tun.	Ich kann mitbestimmen, was passiert.
Ich bin ausgeliefert. Ich bin hilflos.	Ich kann mir helfen. Ich kann heute etwas tun.
Ich kann mich nicht schützen.	Ich kann (lernen) mich (zu) schützen.
Ich bin verloren.	Ich bin in Sicherheit.

zum Thema **Selbstentwertung** ⇨ **Selbstwertgefühl**

Ich bin ein schlechtes Kind.	Ich bin ein gutes Kind. Ich bin ein liebes Kind.
Ich bin schlimm. Ich bin schrecklich.	Ich bin ganz in Ordnung.
Ich kann nichts.	Ich kann etwas (dazulernen).
Ich muss mich schämen.	Ich bin gut so, wie ich bin.
Ich bin nicht liebenswert.	Ich bin liebenswert.
Ich bin ein Pechvogel.	Ich bin ein Glückskind. Ich kann ein Glückskind sein.
Ich bin ein Versager.	Ich kann es schaffen.
Ich muss so sein, wie X es will.	Ich darf ich selbst sein.
Ich mache immer alles falsch.	Ich darf Fehler machen.

Ich bin unwichtig (für X).	Ich bin wichtig (für mich).
Ich bin nicht liebenswert (für X).	Ich bin liebenswert (für mich).
Ich bin nicht gut genug.	Ich bin gut genug.
Ich bin dumm.	Ich kann (daraus) lernen. Ich habe daraus gelernt.
Ich bin schwach.	Ich bin stark. Ich kann lernen, stark zu sein.
Ich bin unwichtig.	Ich bin wichtig. Ich darf wichtig sein.
Ich verdiene keine Liebe.	Ich verdiene Liebe. Ich kann Liebe bekommen.
Ich bin hässlich. Mein … ist hässlich.	Ich bin in Ordnung (ganz normal, liebenswert).

zum Thema **Schuldgefühl ⇨ Aussöhnung**

Ich bin schuld. Ich hätte etwas (anderes) tun müssen.	Ich habe getan, was ich konnte.
Ich habe einen Fehler gemacht.	Ich habe daraus gelernt. Ich kann daraus lernen.
Ich hasse mich.	Ich darf mir verzeihen. Ich darf mich selbst gern haben.
Ich kann meinem Urteil nicht (mehr) trauen.	Ich kann mir vertrauen (lernen).

zum Thema **Lähmung ⇨ Wahlmöglichkeit**

Ich kann nicht bekommen, was ich brauche.	Ich kann selber etwas tun.
Ich kann keinen Erfolg haben.	Ich kann erfolgreich sein.
Ich kann niemandem vertrauen.	Ich kann wählen, wem ich vertraue.
Ich bin immer an allem schuld.	Ich kann entscheiden, wofür ich Verantwortung übernehme.
Ich kann es nicht zulassen.	Ich kann entscheiden, es zuzulassen.
Ich bin allein (und verlassen).	Ich kann Freunde finden.
Ich muss es tun. Ich muss immer so weitermachen.	Ich kann es anders machen. Ich habe eine Wahl.

Anhang 3: Literatur

Literaturangaben zum Text

(1) J. Bradshow, Das Kind in uns – Wie finde ich zu mir selbst. Knaur-MensSana, München, 2000

(2) Duden, Das Herkunftswörterbuch, Band 7, Etymologie der deutschen Sprache, S. 235. Dudenverlag, Mannheim, 1997

(3) „Eine Geschichte ist ein kleiner Knoten … der Art von Verbundenheit, die wir als Relevanz bezeichnen." In: G. Bateson, Geist und Natur, S. 22. Suhrkamp, Frankfurt/M., 1983

(4) heil = „gesund, unversehrt, gerettet", und andererseits „ganz, völlig, vollständig … frisch, ungeschwächt" in: Duden, Band 7 (s. o.), S. 276

(5) Väter, die ihren Kindern Gutenachgeschichten vorlesen bzw. Zeit mit ihnen verbringen, erhöhen dadurch nachweislich deren Schulerfolg und ihr psychisches und soziales Wohlergehen. Dies ist ein Teilergebnis einer Studie der Oxford University (Dr. Buchanan) an 17 000 Personen, zit. nach „The Times", 7. 2. 2003, „Bedtime tales from dad are best".
„Ein positives Leseklima im häuslichen Umfeld während der Kindheit ist … eine der zentralen Bedingungen dafür, dass Jugendliche eine stabile Lesemotivation entwickeln und regelmäßig lesen. Häufiges Lesen wiederum fördert die Entwicklung einer umfassenden Lese-Kompetenz." Teilergebnis der PISA-Studie. Böck, M. und Wallner-Paschon, C., Leseförderung an den Schulen. In: C. Wallner-Paschon und G. Haider (Hg.), PISA Plus 2000. Thematische Analyse nationaler Projekte (S. 43–46). StudienVerlag, Innsbruck, 2002
Mehr dazu unter www.pisa-austria.at/pisa2000 10. 1. 2005

(6) vergleiche K. L. Holtz u. a. (Hg.), Neugierig auf's Großwerden. Carl-Auer-Systeme Verlag, Heidelberg, 2002

(7) C. Wirl, Therapeutische Geschichten und Metaphern. In: S. Mrochen u. a. (Hg.), Die Pupille des Bettnässers, S. 66. Carl-Auer-Systeme Verlag, Heidelberg, 1993

(8) C. Wirl (s. o.), S. 66

(9) C. Wirl (s. o.), S. 63, vergleiche auch K. L. Holtz u.a. (s. o)

(10) M. Huber, Trauma und die Folgen. Trauma und Traumabehandlung Teil 1, S. 38. Junfermann, Paderborn, 2003

(11) Vergleiche F. Shapiro, EMDR – Grundlagen und Praxis. Handbuch zur Behandlung traumatisierter Menschen. Junfermann, Paderborn, 2000

(12) Basiselemente zum Aufbau von traumatherapeutischen Geschichten entwickelt in Anlehnung an J. Lovett, Kleine Wunder – Heilung von Kindheitstraumata mit Hilfe von EMDR. Junfermann, Paderborn, 2000
Weiters von L. U. Besser, EMDR und traumazentrierte Psychotherapie von Kindern und Jugendlichen, unveröffentlichtes Manuskript. Isernhagen, 2001

(13) Aktuelle wissenschaftliche Ergebnisse dazu in S. Klein, Die Glücksformel oder: Wie die guten Gefühle entstehen. Rowohlt TB Verlag, Reinbek b. Hamburg, 2003

(14) Mehr dazu in F. Schulz v. Thun, Miteinander reden, Band 3, Das innere Team und situationsgerechte Kommunikation. Rowohlt TB Verlag, Reinbek b. Hamburg, 2001

(15) R. Oerter, L. Montada (Hg.), Entwicklungspsychologie – Ein Lehrbuch, S. 218. Psychologie Verlags Union, Weinheim, 1995

(16) Grimms Märchen. Lechner Verlag, Geneva, 1996

(17) Zum Beispiel: T. Brezina, Ein Fall für das Tiger-Team. Schneider-Verlag, München 2002

(18) Mehr dazu in V. E. Frankl, Der Mensch vor der Frage nach dem Sinn. Eine Auswahl aus dem Gesamtwerk. Serie Piper 289, München, 2003

(19) R. Oerter, L. Montada (Hg.), Entwicklungspsychologie – Ein Lehrbuch. S. 228. Psychologie Verlags Union, Weinheim, 1995

(20) Mehr dazu in F. Schulz v. Thun, Miteinander reden, Band 3, Das innere Team und situationsgerechte Kommunikation. Rowohlt TB Verlag, Reinbek b. Hamburg, 2001

(21) Zum Beispiel: M. v. Münchhausen, So zähmen Sie Ihren inneren Schweinehund – vom ärgsten Feind zum besten Freund. Campus-Verlag, Frankfurt, 2004

(22) Zitiert nach L. U. Besser, Fortbildungsskript Psychotraumatologie, unveröffentlichtes Manuskript. Isernhagen, 2002

(23) Weitere Anregungen bei L. Reddemann, Imagination als heilsame Kraft. Leben lernen 141, Pfeiffer bei Klett-Cotta, Stuttgart, 2001

(24) Studien und Anregungen dazu in S. Klein, Die Glücksformel. Rowohlt TB Verlag, Reinbek b. Hamburg, 2003

(25) Modifiziert in Anlehnung an L. U. Besser, Fortbildungsskript Psychotraumatologie, unveröffentlichtes Manuskript. Isernhagen, 2002
und an F. Shapiro u. A. Hofmann, EMDR-Manual, unveröffentlichtes Manuskript. Bergisch Gladbach, 2001

Entwicklung des Kindes

L. Schenk-Danzinger, Entwicklungspsychologie. Neubearbeitung von Karl Rieder. öbv & hpt, Wien, 2001

Traumaforschung und -therapie

J. Lovett, Kleine Wunder. Heilung von Kindheitstraumata mit Hilfe von EMDR. Junfermann, Paderborn, 2000

B. D. Perry u. a., Childhood Trauma, the Neurobiology of Adaption, and Use-dependent Development of the Brain: How States become Traits. Infant Mental Health Journal, 16 (4), S. 271–291, 1995
Diskussion und Übersetzung (überwiegend wörtlich) von K. C. Mayer: www.neuro24.de (Pfad: Kinder > Misshandlung/Folgen > weiter) 10.1.2005

M. Huber, Trauma und die Folgen. Trauma und Traumabehandlung Teil 1. Junfermann, Paderborn, 2003

U. Sachsse, Traumazentrierte Psychotherapie. Schattauer, Stuttgart und New York, 2004

Problemlösungen auf verschiedenen Ebenen

M. v. Münchhausen, So zähmen Sie Ihren inneren Schweinehund – vom ärgsten Feind zum besten Freund. Campus-Verlag, Frankfurt, 2004

F. Schulz v. Thun, Miteinander reden, Band 3, Das innere Team und situationsgerechte Kommunikation. Rowohlt TB Verlag, Reinbek bei Hamburg, 2001

J. Bradshow, Das Kind in uns – Wie finde ich zu mir selbst. Knaur-MensSana, München, 2000

V. E. Frankl, Der Mensch vor der Frage nach dem Sinn. Eine Auswahl aus dem Gesamtwerk. Serie Piper 289, München, 2003

Entwicklung von Kindergeschichten – für Profis und solche, die es werden möchten

J. Lovett, Kleine Wunder. Heilung von Kindheitstraumata mit Hilfe von EMDR. Junfermann, Paderborn, 2000

M. W. Vogt-Hillmann u. a. (Hg.), Kinderleichte Lösungen. Lösungsorientierte kreative Kindertherapie. Borgmann, Dortmund, 1999

S. Mrochen u. a. (Hg.), Die Pupille des Bettnässers. Carl-Auer-Systeme Verlag, Heidelberg, 1993

M. White u. a. (Hg.), Die Zähmung der Monster – Literarische Mittel zu therapeutischen Zwecken. Carl-Auer-Systeme Verlag, Heidelberg, 1990

K. L. Holtz u. a. (Hg.), Neugierig auf's Großwerden. Carl-Auer-Systeme Verlag, Heidelberg, 2002

Informationen zu Unterstützung in Ihrer Nähe

In Österreich können Sie unter der Rettungs-Notrufnummer 144 um eine/n Notfallspsychologen/in zur Unterstützung in einer akuten Notlage anfragen.

Über das Internet finden Sie weiterführende Informationen und Kontaktadressen:
www.boep.or.at Sektion Traumapsychologie im Berufsverband österr. PsychologInnen
www.oent.at Österreichisches Netzwerk für Traumatherapie
www.traumatherapie.de, www.traumapaedagogik.de 10. 1. 2005

Telefonische Auskunft über professionelle Hilfe (österreichweit):
BÖP-Helpline 01 / 4079192

Kontakt zur Autorin über www.kernstock-redl.at